NO SEAS TAN AMABLE

Una Guía Mordaz Para Poner Límites,
Vencer El Miedo A Decir 'NO', Lidiar Con Idiotas
Y Vivir De Forma Auténtica

Por
Juan David Arbeláez

Una Publicación De
MENTE | LATERAL

NO SEAS TAN AMABLE
Juan David Arbeláez

Primera edición noviembre de 2024

Derechos reservados. Ninguna parte de este libro puede ser reproducida o transmitida en cualquier forma o por ningún medio electrónico o mecánico, incluyendo fotocopiado, grabado o por cualquier almacenamiento de información o sistema de recuperación, sin permiso escrito del autor.

COPYRIGHT©2024 Juan David Arbeláez

Contenido

Introducción 1
Adiós a la amabilidad tóxica 2
El alto precio de complacer a todos 8
Cómo dejar de ser un felpudo 13
Límites y Responsabilidades 17
Reescribe tus reglas 21
La culpa: ¿consejera sabia o bruja despiadada? 24
Liberarse de la culpa 26
La epidemia de la "disculpitis" 28
El poder del silencio 32
El arte de decir "NO" y estar disponible a discreción 35
Soltar, dejar ir y fluir 38
Cambiar de piel y el mito de la identidad estática 42
El arte de no tomarse nada personalmente 46
El miedo al rechazo 51
No cargues con los problemas de nadie 56
Relaciones sinceras 58
Egoísmo saludable 62
Autenticidad, el secreto de la sexualidad plena 65
Redes sociales 68
En el trabajo 72
La técnica del "todavía no lo sé" 75
Alcohol y drogas: El falso lubricante social 77
Chupasangres emocionales 80
"Burling": El Bullying en la edad adulta 83

El peor vecino del mundo	86
Como lidiar con hipócritas	90
El Bazar de los "Conchudos"	95
Pedir sin pena	100
Nada es tan importante como parece	104
No tragar entero	107
Epílogo: Una postdata a la regla de oro	112
Anexo 1: Un curso de sarcasmos	115
Anexo 2: 19 misiones para dejar de ser tan amable	136
Anexo 3: Los 10 mandamientos de las personas verdaderamente auténticas	143
Anexo 4: Formulario de Disculpas	147
Anexo 5: Contrato mefistofélico	149

Introducción

¿Quién dijo que todo libro debe llevar un prefacio o introducción?

¡Nada! A lo que vinimos, que hasta de sexo vamos a hablar. Sin embargo, me gustaría señalar dos cosas antes de comenzar: la primera, recomendar leer uno o dos capítulos por día, nada más. Y la segunda, me gusta pensar en los anexos de lo que escribo como postres tras una comida. En ese sentido, creo que los aquí he incluido son deliciosos. Además, hasta sugiero empezar por ellos.

Ahora sí, comencemos.

Juan David Arbeláez

★

Adiós a la amabilidad tóxica

¿Es la vida realmente sencilla o más bien es todo un lío de desafíos, enredos y contradicciones? Esta pregunta ha sido el pan de cada día de filósofos por siglos, obligando a cada generación a repensar lo que creemos saber sobre existir.

Pero, seamos sinceros, decir que la vida es sencilla puede sonar a cuento de niños. Dejar atrás los días despreocupados de la juventud trae consigo responsabilidades y complicaciones que se acumulan como platos sucios en un fregadero. Los conflictos, la frustración y la desigualdad se vuelven más reales, haciendo que la simplicidad parezca una quimera inalcanzable.

Sin embargo, yo creo que estas complicaciones reflejan más nuestro interior que la realidad misma. Epicteto, filósofo estoico, lo dijo bien: "No son las cosas ni las situaciones lo que nos molestan, sino nuestro juicio sobre las mismas". Luego, ¿estamos viviendo en una realidad objetiva compartida o cada uno de nosotros está atrapado en su propio mundo, dándole un significado único a lo que cada quien experimenta? Spoiler: en este mundo... todo el mundo... ¡vive en su propio mundo!

Desprendernos de las ataduras a lo que creemos que es la norma en la vida no es fácil. Todos tenemos una voz interna crítica que nunca se calla, una voz que nos recrimina por poner límites, nos castiga por cualquier momento de honestidad, y nos hace sentir culpables por decirle "NO" a alguien o como idiotas por no haber mantenido una posición. Dudamos de nosotros mismos, tememos el "qué dirán", imaginamos que despertaremos la ira de otros si hablamos fuerte o, que al ser sinceros, los alejaremos.

Pero... quizás la vida no sea tan agobiante como pensamos. Tal vez es la lente con la que miramos lo que distorsiona la realidad. ¿Qué pasaría si quitáramos ese filtro y viéramos las cosas realmente como son? ¿Nos quedaríamos ciegos al principio con tanta claridad? ¿Será que sí podríamos abrazar esa luz con valentía?

El verdadero desafío no está en fingir que la vida es fácil, sino en examinar cómo nuestra perspectiva la afecta. El cambio no ocurre esperando a que todo se simplifique, el cambio se da al ajustar nuestra forma de ver las cosas. Y esto es algo que solo cada uno puede hacer por sí y para sí mismo.

Sí, la gente realmente puede transformar su mentalidad y, cualquiera, sin importar sus circunstancias, puede encontrar claridad y paz. Sé que suena ambicioso, y la duda es natural, pero eso no significa que no sea cierto. Sin embargo, lograr ese cambio requiere comprometerse con una autoevaluación honesta y a menudo incómoda. Que algo sea difícil, no quiere decir que sea imposible. Si hay ganas de esforzarse, ¿quién sabe? En lugar de sentirnos atrapados en un ciclo de confusión y frustración, podríamos encontrar un camino abierto y lleno de potencial.

Así que comencemos aceptando una verdad dolorosa: el miedo mueve más a la gente que el deseo de alcanzar la virtud. Así son las cosas y eso es lo que vamos a abordar y cambiar. Al menos, dentro de nosotros mismos

La amabilidad siempre se ha visto como algo positivo. Está asociado al cuidado por los demás, a hacer el bien, evitar la confrontación y complacer a todos. Pero a veces, ser demasiado amable es en realidad el disfraz del miedo a la desaprobación, no una virtud genuina, y por ende, este hábito puede llevar a resentimientos ocultos y al agotamiento mientras nos alejamos de lo que realmente somos.

Pregunta cizañera: ¿Has notado que quienes parecen alcanzarlo todo no siempre son las personas más amables? Mira a reyes, políticos, artistas, deportistas y verás que la amabilidad muchas veces parece solo una fachada en ciertos contextos. Digo que es una pregunta cizañera, no contra ellos, sino contra uno mismo. Ellos conocen algo que muchos nos resistimos a aceptar: que el ser excesivamente amables puede frenar nuestro avance.

No se puede complacer a todo el mundo. Las investigaciones lo confirman. La excesiva complacencia tiene desventajas tangibles: peores calificaciones crediticias, más deudas y un mayor riesgo financiero. Mientras que aquellos que en verdad se dan prioridad a sí mismos, tienden a enfrentar menos problemas y cosechar más éxitos[1].

Incluso en las relaciones, ser demasiado amable puede volverse en tu contra. La previsibilidad puede aburrir a otros que buscan un desafío. Y aunque los efectos varían entre hombres y mujeres, la amabilidad excesiva no siempre se premia, ni es atractiva.

Si el agobio y la culpa es constante, quizás sea nuestra excesiva amabilidad la causante. Esta, puede estar impidiendo que seamos realmente honestos frente a lo que en verdad queremos, resultando en un disfraz que no convence a nadie y que trae más desventajas que ventajas.

Liberarse de esta trampa no será un proceso rápido, esto es como escapar de una camisa de fuerza hecha de creencias que asocian equivocadamente a la asertividad con el egoísmo. Pero vuelvo y repito: que algo sea difícil no significa que sea imposible.

---

[1] No es ningún invento, ni me estoy sacando estas investigaciones de la manga, estas fuentes respaldan cómo la amabilidad excesiva impacta negativamente tanto en el ámbito financiero como en las relaciones personales.
(https://www.solunion.co/blog/calificacion-crediticia-un-aliado-para-el-crecimiento-y-la-estabilidad-financiera/). Además, la amabilidad excesiva puede generar problemas personales al dificultar el establecimiento de límites, lo que lleva a resentimientos y desequilibrios en las relaciones (https://lamenteesmaravillosa.com/amabilidad-excesiva-otra-forma-de-hacernos-dano/
https://www.mentesabiertaspsicologia.com/blog-psicologia/amabilidad-y-eleccion-de-pareja-un-problema-comun).

¿Cómo librarnos de esta camisa de fuerza? Para comenzar, hay que reconocer que tu personalidad no está grabada en piedra. Con práctica y una actitud diferente, se puede ser asertivo y amable a la vez, sin caer en la trampa de ser un atarbán -que pasa por encima de todos para darse al paso-, ni un felpudo -un trapo que todos usan para limpiar mugre, arreglar cosas y luego desechar en una esquina cuando han terminado y ha quedado sucio-.

La clave está en enfocarse en tus propias necesidades sin ignorar las de los demás, pero entendiendo que cada quien debe ir a su propio ritmo y aprender sus propias lecciones. Repítete esto hasta que se quede grabado en tu cerebro: es momento de que por fin te incluyas en tu lista de prioridades y que además, te listes de primero.

Es fundamental comprender que priorizarte no es un acto egoísta, sino una necesidad para poder estar bien y así brindar lo mejor de ti a los demás. Priorizar tu bienestar no significa pisotear a otros o actuar de manera desconsiderada, se trata de encontrar un equilibrio donde reconoces que tu propio bienestar es la base para poder apoyar y cuidar de quienes te rodean. Aunque no seas el centro del universo, eres el centro de tu propio mundo y el pilar fundamental para aquellos que dependen de ti -como tus hijos si eres padre y si aún son pequeños-. ¿Cómo podrías procurar el bienestar de los demás si descuidas el tuyo propio? Recuerda que no puedes dar lo que no tienes, por lo que cuidar de ti mismo es el primer paso para poder cuidar de los demás de manera efectiva y sostenible.

En el viaje que propongo en estas páginas, hay que estar listos para cuestionar algunas creencias bastante arraigadas. Vamos a encontrar qué filtros distorsionan nuestra visión del mundo y vamos a buscar CAMBIARLOS.

Esto no va a pasar por arte de magia y el solo leer este libro no lo hará del todo por ti, te repito que lograr ese cambio es solo tu responsabilidad. Pero aquí está mi garantía: cualquier cambio que asumas tras leer estas páginas será una ganancia. Un paso hacia una vida más auténtica. Todo pequeño cambio de perspectiva puede revelar la sencilla y refrescante esencia de la vida que, en realidad, siempre ha estado esperando ser apreciada y que, para responder a la pregunta inicial, no es tan difícil como todos creen verla. Tu visión del mundo es lo que te importa a ti. Y esa es la que vamos a mejorar.

El alto precio de complacer a todos

A todos nos encanta caer bien y ser aceptados. Es parte de la experiencia de ser humano. Pero andar siempre tratando de complacer a todo el mundo tiene su lado oscuro. El esfuerzo constante por obtener la aprobación ajena te desgasta, dejándote con relaciones superficiales y un vacío interno que ningún placer parece poder llenar. Ser excesivamente amable frena tu progreso, abre la puerta a que te manipulen y te ata de pies y manos, tanto en lo personal como en lo profesional.

Esta historia se repite en todos lados: el empleado que llegando a su nuevo puesto de trabajo, cree que para avanzar debe estar dispuesto a guardar silencio, tragar entero y cargar con la responsabilidad de los demás, la novia que lo dejó todo por su pareja, el amigo que siempre presta dinero al que está en problemas, la persona que aguanta el bullying -o "burling", como prefiero llamarlo- de sus "amigos" porque no tiene nadie más con quien estar.

Ser el simpático del grupo puede ser un pasaporte a la frustración. Poner la aprobación de otros en un pedestal significa que descuidas lo que realmente importa. El miedo al rechazo controla tus pasos hasta que tus ideales se desploman o por lo menos, se estancan radicalmente.

Pero aclaremos algo: no hay que confundir la auténtica amabilidad con la desesperada necesidad de agradar y ser aprobado. La primera nace de la empatía y los buenos modales, la segunda, de la inseguridad y el temor al rechazo. Los complacientes pasan la vida intentando caer bien, como si eso les garantizara amor y aceptación.

Este miedo suele tiene sus raíces en la infancia, cuando nuestra autoestima queda atrapada en las expectativas de las figuras de autoridad que entonces nos rodeaban. Si a un niño le enseñan que solo se le aprecia cuando complace, este llevará esa carga a la adultez, dejando que otros determinen su valor.

La codependencia también juega su papel. Así es como el amor termina pareciendo algo que hay que ganarse cumpliendo expectativas y evitando conflictos. Los complacientes, en estos casos, relegan sus propias necesidades para alimentar las de sus parejas, creando una dinámica tóxica y desequilibrada.

Por otro lado, esta es otra verdad de esas duras de aceptar: complacer no es tan desinteresado como parece. En muchos casos, dicha complacencia es un intento de controlar cómo nos ven los demás. Es un favor esperando otro. Quienes siempre dicen que sí y hacen lo que sea por quien sea en realidad buscan manejar la opinión de esos otros. Pero al final, ese impulso controlador distorsiona su percepción de sí mismos y enreda sus relaciones en mentiras.

En psicología, hay algo llamado el "efecto foco" - también conocido como "efecto spotlight"- que describe cómo las personas sobredimensionan cuánto notan sus acciones y apariencia los demás. Dicho efecto nos hace creer que estamos siempre bajo un "reflector" imaginario, como en un espectáculo teatral, siendo observados y juzgados. Pero la realidad es que la mayoría de la gente está demasiado ocupada con su propia vida como para notar cada detalle de nuestro comportamiento o apariencia.

Ese "efecto foco" refuerza ese necesidad de buscar complacer a todo el mundo, convenciendo a las personas que lo padecen, de que viven bajo constante escrutinio por los demás.

Un problema con este falso efecto spotlight es que muchos otros se aprovechan de ello: tu excesiva amabilidad bajo dicho efecto, se convierte en un mecanismo de manipulación usado por los demás. El precio de ser un eterno complaciente es alto. Vivir posponiendo tus necesidades y reprimiendo lo que sientes, por priorizar a los demás, trae estrés, resentimiento y con el tiempo, depresión. Estas personas asumen demasiado, convirtiéndose en presas fáciles de quienes reconocen su condición.

Para romper este ciclo, toca cuestionar qué lo motiva. Tu autoestima no debería depender de lo que otros piensen. Construir una base sólida de autoaceptación y aprender a decir "NO" es vital.

La raíz de tu necesidad de agradar a todo el mundo se encuentra en creencias que se formaron antes de que siquiera supieras lo que era la autoestima. Compararte con hermanos, amigos del colegio, compañeros o el ambiente que te rodea te hizo pensar que tu valor dependía de lo útil o simpático que eras. Es como si creyeras que eres una lámpara que solo brilla cuando otros la encienden, en lugar de tener una luz propia.

El miedo a la confrontación también juega en tu contra: la ansiedad por evitar incomodar a los demás, la vergüenza o el miedo a desestabilizarte emocionalmente te empujan a callarte en vez de hablar o poner límites claros.

Además, mezclar el deseo de complacer con la idea de ser "bueno" lleva esto a otro nivel. Desde pequeños nos enseñan que ser amable es genial, pero indirectamente nos dan a entender que ser sinceros y pensar en nosotros mismos es casi un defecto, que es egoísta. ¿A cuántas a exigencias ridículas hemos cedido más por miedo o por no parecer egoístas que por cualquier otra razón real?

Para dejar de complacer a toda costa, tienes que identificar las reglas que rigen tu vida y separar lo que realmente resuena contigo de lo que solo es una carga heredada del pasado. Una trampa común es asumir demasiada responsabilidad por las emociones de otros. A fin de cuentas, no puedes controlar cómo se sienten los demás, la decepción y el enfado son parte del juego, y aceptar que los demás son libres de sentirlo, te quita un peso de encima.

Incluso la religión malinterpretada, puede reforzar un perfeccionismo tóxico, haciendo que midas cada pensamiento según estándares divinos inalcanzables. Dejar atrás esa culpa paralizante de que alguien en las nubes oye, ve y juzga todo lo que haces en tu pasar por la Tierra, abre la puerta a la verdadera fe, la autocompasión y conexiones más profundas.

Así que, ¿qué vas a hacer? ¿Seguir cargando con la mochila pesada de la amabilidad excesiva o atreverte a caminar hacia tu versión más auténtica y plena? Para los valientes que lo intentan, el mundo entero se abre. Sí, es difícil, pero las recompensas son reales y duraderas. ¡Es hora de dejar de ser un felpudo, dejar de ser el chivo expiatorio de todos y empezar a vivir para ti mismo!

Cómo dejar de ser un felpudo

Todos estamos corriendo tras alguna fantasía de grandeza, y al hacerlo, hemos creído que hay que complacer a los demás como si eso fuera parte de la receta para conseguirlo. Al final del día, terminamos agotados, preguntándonos cuándo diablos la vida se convirtió en una interminable carrera donde no se avanza. Nos venden la idea de que ser amables y desinteresados es la llave maestra para tener relaciones exitosas, pero nadie te dice que muchas veces, dicho camino, lleva al estancamiento, al resentimiento y a enterrar tus propios sueños en un lodazal de complacencia.

Ponerse primero no es ser egoísta, es sentido común: es supervivencia. ¿Cuántas veces te han repetido en el avión que en caso de una descompresión te pongas la mascarilla antes de ayudar al que te rodea? Pues esa regla aplica a la vida también. Decir "NO" a lo que no encaja con tus prioridades es autocuidado, no frialdad. Hacerlo tampoco es debilidad, es marcar territorio. Tener claro lo que necesitas y saber cuándo decir que no abre la puerta a experiencias más auténticas.

Aquí es donde entra la importancia de los límites. Tener límites claros es lo que realmente nos da control y poder. La habilidad de decir "NO" y priorizar nuestras necesidades sobre las demandas de los demás nos da una sensación de libertad invaluable. Sin esos límites, flotamos en un mar de expectativas ajenas, creyendo que ser amable en todo momento es una virtud, sin darnos cuenta de que detrás de esa amabilidad solo hay estrés y frustración acumulados por los mil y un pisotones de todos los que nos pasan por encima. Y eso termina pasándole factura al cuerpo: dolores, problemas digestivos, la clásica señal de que algo va mal aunque finjamos calma. Sí, el cuerpo somatiza todo: esa vez que fuiste al médico y te dijeron que lo que tenías "era estrés", no fue más que una forma simple de decirte que tienes que cambiar algo en tu modelo mental, porque tu cuerpo físico no está de acuerdo[2].

No establecer límites te roba la claridad de quién eres realmente. Priorizar los sentimientos de los demás sobre los tuyos te mete en un ciclo de ansiedad y culpa que destruye cualquier relación genuina. Entender y actuar en pro de esos límites transforma las relaciones de un juego de resistencia a uno de respeto y autenticidad. Sí, esa vez que tus amigos o familiares te vieron quebrado llorando, y en su intento de consuelo te dijeron "¿y por qué no lo has dicho/hecho/hablado, etc.?" también estaban exigiéndote que pusieras límites en un momento en que lo necesitabas.

---

[2] El impacto del estrés en el organismo puede manifestarse a través de múltiples vías fisiológicas, incluyendo la tensión muscular sostenida, procesos inflamatorios sistémicos y alteraciones en la producción hormonal, particularmente del cortisol[3]. Estos mecanismos pueden desencadenar o exacerbar condiciones dolorosas preexistentes, estableciendo un ciclo de retroalimentación entre el estrés psicológico y el malestar físico. Ver Avance Psicólogos. (2023). "Somatización: La Expresión Física del Malestar Psicológico". Revista de Psicología Clínica Aplicada. Disponible en: https://www.avancepsicologos.com/somatizar/

Tienes que saber qué es lo que realmente quieres. Tienes que definir cómo realmente eres, no cómo esperas que otros te vean. Tienes que ser brutal contigo mismo y dejar de darle valor a lo que no lo merece, ni a lo que te lo promete pero no avanza. Conectarte regularmente con lo que de verdad quieres puede cambiar toda tu forma de tomar decisiones. Eso es definir límites. Eso es establecer tus principios. Eso es decirle al mundo : "Este soy yo. Así soy, y así me quiero". Esta introspección, desde las cosas cotidianas hasta los grandes cambios, nos da claridad. Estos son tus principios y no son negociables.

Si no sabes definir quién eres, entonces opta por buscarlo desde el otro lado: un buen punto de partida es saber lo que NO quieres. Desde ahí, explorar alternativas se vuelve más sencillo. Preguntarte constantemente "¿Qué quiero?" y "¿Qué NO quiero?" ayuda a reconectar con tu YO auténtico y facilita las decisiones.

El cuento es que la gente tiende a saber lo que quiere, pero a menudo se ve obligada a tragarse sus deseos para ajustarse a las expectativas de otros. Con el tiempo, esto crea creencias limitantes y la sensación de que querer algo es egoísta. Pero los deseos no son malos ni buenos, los deseos solo son. Ignorarlos no hace a nadie más virtuoso, solo agrava la frustración y las relaciones se tensan.

Por otro lado, no saber lo que se quiere es más común de lo que parece, sobre todo después de años de vivir para complacer a otros. Un "no sé" como respuesta a esa pregunta de "¿Qué quieres realmente?" puede estar ocultando un miedo a enfrentarse a lo que en verdad sientes. Puede ser señal de preferir lo conocido y cómodo aunque sea insatisfactorio, antes que emprender el camino del autodescubrimiento.

La manera de encarar esto es con curiosidad. Pensar siempre que todo trae consigo algo valioso: Ante cualquier cosa inesperada -buena o mala- , siempre pensar: "Me pregunto, ¿qué descubriré? ¿qué puedo sacar de esto? ¿qué tiene esto para mí?" esto puede hacer de cualquier experiencia algo positivo.

Si no pones límites, dejas que otros tomen el control sobre tus opiniones y decisiones. Esto lleva a creer que ser "de mente abierta" significa que la opinión de los demás pesa más y que tú solo eres un vehículo para sus deseos. Liberarte de esa trampa implica darle total espacio a tu propia perspectiva, sin importar si enfrente tienes a un experto o un novato que pueda contradecirte o no entenderte. La seguridad para expresar lo que piensas comienza por dentro. Buscar validación externa constante causa confusión y limita la capacidad de cambiar lo que deseas mejorar.

Límites y Responsabilidades

Sé que es un cliché, pero igual, apelemos a la bien conocida metáfora de la cerca del jardín. Dicha cerca constituye un límite físico de donde empieza un terreno y comienza otro. Una parte es el jardín para las plantas y juego y, el otro lado de la cerca, es para otra cosa o pertenece a alguien más. Igual sucede contigo como persona cuando estableces tus límites y están claros: sabes exactamente dónde empiezan tus derechos y responsabilidades y dónde empiezan los de los demás. Sin esta claridad, todo se junta, se vuelve una melcocha, y terminas cargando con los problemas de otros.

Dicha falta clara de límites es una receta para el desastre: creas conexiones llenas de malentendidos donde todos se creen los reyes del baile pero nadie entiende el paso. Cualquiera puede pisarte o pasarte por encima. Todo intento por resolver una discusión o asunto menor, se transforma en un juicio, donde uno saca el tema y el otro se pone a la defensiva, desviando la conversación y agrandando el problema con frases como: "¿Cómo te atreves a decir eso?". Así, cualquier verdadero problema, se esconde mejor que un gato en una tormenta, especialmente si quien lo plantea es de esos que quieren ser siempre los buenos del barrio. En vez de resolver el conflicto, nos enfocamos en calmar las emociones negativas sin tocar la raíz del asunto.

A la larga, el resultado es un desastre anunciado: los problemas sin resolver se amontonan y la comunicación limitada se convierte en un muro infranqueable para entendernos de verdad. La clave para relaciones sanas está en poner esos límites y saber quién hace qué. Con estas bases, las interacciones son más auténticas y ligeras, sin cargar con responsabilidades que no te corresponden.

El punto es redefinir la responsabilidad: se puede tener empatía sin tirar por la borda tus propios límites. Hoy en día, gracias a epidemias como el virus mental WOKE, donde dicen a diestra y siniestra consignas como "no dejes que el privilegio nuble tu empatía", poner límites o tener privilegios parece ser un crimen, ¡pero no lo es! es solo una trampa que despersonaliza tus responsabilidades y derechos: una distorsión de que la vida es solo derechos y no deberes. Por eso, hoy más que nunca, repensar lo que significa la responsabilidad puede parecer una locura. Pero, aunque suene a cuento para las nuevas generaciones, cada quien es responsable de sus propias emociones.

Interiorizar la idea de que "no somos responsables de cómo se sienten los demás" es como recibir una bocanada de aire fresco y al mismo tiempo un reto. Puede parecer que estás ignorando las emociones de otros, pero no es así. Estamos tan acostumbrados a proteger los sentimientos ajenos a costa de los nuestros que el mundo actual sigue esta tendencia, creando personas cada día más frágiles y maleables -o como prefiero llamarlos: unos blandengues-.

Ese afán de no herir a nadie nos hace retroceder. Muchos piensan: "Si digo lo que pienso, seguro los ofendo". Esta idea convierte cualquier sinceridad en un campo minado, bloqueando cualquier forma de conexión real. Ver al otro como alguien incapaz de manejar la incomodidad impide construir vínculos auténticos, creando la falsa imagen de que todos deben ser tratados con guantes de seda. Es por eso justamente que hoy día hablamos de las nuevas generaciones como "de cristal".

Dejemos que cada quien maneje sus propias emociones. Todos somos capaces de hacerlo. Y si no lo puedes hacer ahora, seguro que lo logras después. El tiempo todo lo cura, y si no puede curarlo, pues lo disuelve. Así, sueltas el peso de querer controlar las reacciones ajenas y abres espacio para el respeto mutuo.

Soltar esa tontería de ser responsables de todo lo que sienten los demás a nuestro alrededor, y entender que nunca fue una tarea que nos asignaron al nacer solo puede ser liberador. Encontrar el equilibrio entre la empatía y mantener límites sólidos es esencial para prosperar, tanto en lo personal como en lo profesional.

No es egoísta establecer límites, es un acto de amor propio que crea un entorno donde las relaciones pueden florecer de manera equilibrada y genuina. Ayuda a construir un espacio propicio para conexiones auténticas y saludables. Al marcar y mantenerlos dichos límites, generas una dinámica que respeta tanto tus necesidades y preferencias como las de los demás. Los límites no son murallas, sino guías para relaciones respetuosas y fructíferas. Permiten interactuar con claridad y confianza, asegurando una comprensión y respeto mutuo.

Declara con convicción y sin temor por lo que te digan "¡hasta aquí llego! De allí en adelante, les toca a ustedes".

Punto.

Reescribe tus reglas

La realidad es que cuando llegamos a este juego de la vida, nadie nos da un manual de instrucciones, con lo que cada quien tiene que destilar sus propios principios y valores para armar sus reglas. Pero, ¿cómo decidir qué reglas seguir y, aún más importante, cómo crear tus propias reglas?

Claro, existen las reglas básicas, esas leyes de la sociedad que la mayoría acepta sin pestañear y que nos ayudan a mantener -en parte- el equilibrio social. Pero las decisiones diarias las gobierna un algoritmo interno que dicta cómo hablas, actúas y te relacionas. Después de años tratando de complacer a todo mundo, tu autenticidad se esfuma y terminas tomando decisiones basadas en las expectativas de otros. Esta maraña de normas se instala en silencio en tu mente racional y subconsciente. Cada crítica externa se infiltra en tu lista mental de asuntos que "no deberías" cuestionar, incluso sin que te des cuenta. Así, las reglas más ridículas pueden resurgir en situaciones sociales absurdas:

- Deberías hacer esto.

- Deberías salir más.

- Deberías cambiar esa cara.

Deberías... Deberías… ¡Deberías! El resultado es un catálogo limitado de comportamientos permitidos, regido por la autocensura y un comando de "deberías" externamente asumidos. Seguir estas normas te desgasta y convierte la vida en una jaula temerosa al juicio ajeno. Revisar esa lista de "deberías" puede ser una revelación. ¿Siguen teniendo sentido? ¿O son límites obsoletos que alguna vez te impusiste y ahora solo te frenan?

Muchos cargamos reglas que nunca pedimos, normas para evitar alzar la voz, contradecir o siempre ser leales a lo que queremos. Darse cuenta de que estas cadenas se pueden romper es vital. Así que hazte un favor, explora tu interior y respóndete ahora mismo: ¿Cuáles son tres de esos "deberías" que repites a menudo y qué culpa llevan consigo? Las reglas más tiranas se aferran a valores grabados en el alma. Desprenderse de ellas no es fácil, pero si reflexionas, descubrirás que esa lucha constante por ser digno de amor y aceptación es más un clamor de validación infantil que una conexión real: Vivir para ser suficiente es una trampa patética.

Lo siguiente es cambiar esas reglas viejas por unas que realmente importen. Transforma tus "deberías" en "podrías". Ajusta tu lista. Estas normas deben ser tuyas, construidas para sostener una vida que resuene contigo.

Comienza por tus "deberías…" internos. Usar "podría" en lugar de "debería" en tu diálogo interior abre un mundo de posibilidades:

- "Debería bajar de peso" / "Podría bajar de peso"

- "Debería cambiar de trabajo" / "Podría cambiar de trabajo"

- "Debería decirle a mis padres" / "Podría decirle a mis padres"

La diferencia está en que el "debería" te hace sentir culpable y el "podría", no. El primero es un látigo interior y el segundo es una luz que te ayuda a pensar mejor cómo hacer las cosas.

Igualmente, cuando alguien te lance un "deberías…" respóndele sin temor diciendo "¡o podría!". Esto es sentar límites, nadie tiene por qué decirte que "deberías" hacer, y tu estás retomando tu poder decisión y dejándolo claro.

Los "podría" te dan opciones para elegir mejor y no cargar culpas. Al final del día, más que cualquier obstáculo externo, sigue siendo solo un asunto tuyo de hacer o no aquello que PODRÍAS hacer: que no se te convierta en una excusa para posponer, aquello que en el fondo sabes que SÍ podrías aprovechar. Del dicho al hecho hay mucho trecho, pero en el medio… ¡Siempre está TU PROPIO PECHO!

"¡Podrías realmente hacer lo que dijiste que podrías hacer!".

La culpa: ¿consejera sabia o bruja despiadada?

Las viejas reglas internas que mencionamos son como fantasmas que te asustan con visiones imaginarias de rechazo o culpa si te atreves a romperlas. Pero, seamos claros, esos miedos son puro teatro. Cuando sigues tu brújula interna, empiezan a salir a la luz verdades que no querías ver. Decir "NO" o poner límites no ha desencadenado aun el fin del mundo. De hecho, vivir a tu manera puede traer sorpresas bastante buenas.

Claro, cambiar el guion no es un paseo por el parque. La culpa aparece cuando redibujas tus límites, aquí es cuando la culpa suele asumir su rol de bruja despiadada. Pero hay dos tipos de culpa: la que realmente resulta útil y la que te está frenando. La primera te recuerda que te estás alejando de tus principios, es como tu GPS interno para que no te pierdas de quién realmente quieres ser. Esa es la que te dice que debes retomar el rumbo por otro lado, esa es la consejera sabia. La segunda es pura basura tóxica, corrosiva, basada en la idea de que mereces sufrir por tus errores. Esa es, como lo señalamos, la bruja despiadada que te maldice y manipula a su antojo.

En vez de torturarte, conecta con lo que hay debajo: el dolor, la decepción, el miedo a estar solo. Responder con empatía a esas emociones abre la puerta a cambios de verdad. Son emociones incómodas, pero solo son eso: pueden superarse, y con cada minuto que pase, hacerlo será más fácil.

El cambio real no es una competencia de fuerza de voluntad, es un pacto contigo mismo. Mermar las revoluciones, sentir el cuerpo, escuchar lo que la culpa tiene que decir, te lleva a la claridad. Ahí es donde distingues lo que realmente importa y cómo quieres ubicarte en este mundo. Crear hábitos alineados con esa visión es una receta para cambios duraderos.

La culpa absurda nace de reglas rígidas que se pasaron por alto tus valores. Esas reglas te arrastran al ciclo de la autocrítica constante, vendiéndote la ilusión de que solo la perfección propia o, el sentir de los demás te redime. Dejar ir la obsesión por la perfección es esencial. Creer que la paz y la felicidad vendrán tras el próximo logro es una estafa. Incluso los éxitos más grandes solo traen un respiro breve antes del siguiente problema. Entender esto es el primer paso para dejar de correr en círculos.

Usa culpa para aprender y ajustar, jamás para flagelarte.

Liberarse de la culpa

Ahora bien, nadie es, ni debe ser, el mánager de las emociones o demandas de los demás. No hace falta decir "SÍ" a todo. Cada quien debe resolver cómo satisfacer sus propias necesidades.

La culpa viene a visitarnos a todos de vez en cuando, pero quedarse dándole vueltas preguntándose "¿Por qué yo? ¿Por qué no hice esto?" es la manera más rápida de arruinar tu salud mental y emocional. Si hay algo en lo que tienes que convencerte, es esto: la culpa, sin un buen uso, es tan útil como un tenedor en una sopa. Ahogarse en ella hasta que te anula es como torturarte a ti mismo sin lograr nada.

El truco está en reciclar esa culpa en algo útil. Si una situación te deja una sensación amarga, reconoce que algo salió mal y punto. No hay drama, solo el primer paso para que la próxima vez no la vuelvas a cagar igual.

Para ver si algo realmente encaja con tu interés propio, pregúntate siempre lo siguiente:

1. ¿Qué es lo que realmente quiero?

2. ¿Cuánto lo quiero?

3. ¿Qué necesidades estoy cubriendo?

4. ¿Qué efecto tendrá esto en los demás?

5. ¿Cómo pueden ellos atender sus propias necesidades?

6. ¿Si no algo por los demás, les pasará algo grave?

Si el deseo existe y el daño colateral es mínimo, adelante, cero culpas. Reprimirlo solo junta frustración y resentimiento, mientras que permitírtelo infunde energía, seguridad y hasta generosidad.

Cuando sientas que de verdad metiste la pata, identifica de dónde viene tu culpa y dedica un momento a imaginar cómo te hubiera gustado actuar. Es como ensayar mentalmente, para que la próxima vez tengas las cosas más claras. Llámalo ajustar tu "algoritmo de vida" si quieres, pero aprender y mejorar tu reacción, así sea en un escenario mental, no es opcional, es indispensable.

Desde este punto, el compromiso es contigo mismo. Deja la palabrería y asegúrate de recordar la lección la próxima vez. Este pacto interno convierte la culpa en una chispa de mejora, no en un ancla que te arrastra.

Dejar de sentir culpa no es lo mismo que hacer borrón y cuenta nueva ignorando tus metidas de pata. Es decir para tus adentros, "Listo, me equivoqué, ¿qué puedo sacar de esto para evitarlo o mejorarlo en un futuro?", aprender de la situación y tener el coraje de buscar no repetir la misma escena. Eso es conocerte, avanzar y evolucionar. Todo lo demás es perder el tiempo.

La epidemia de la "*Disculpitis*"

Mucha gente va por la vida siguiendo reglas que ni existen, aterrorizada de cruzar líneas imaginarias y con la costumbre de pedir perdón hasta por respirar. En América Latina, y más aún en mi país, Colombia, la palabra "disculpa" y sus variantes como "perdona", "que pena", etc. se meten en las conversaciones como un tic nervioso, llenando silencios incómodos o suavizando frases que no necesitan bálsamo. A esta condición me gusta llamarla como "*Disculpitis*", un término que acuñé en mi libro IMPORTACULISMO PRÁCTICO. Esta, es la compulsión de disculparse por todo sin razón alguna, una muletilla que se suelta hasta cuando no has hecho nada que merezca reproche.

Pedir disculpas sin sentido es como no pedirlas: la palabra pierde todo su impacto. Quien se excusa por todo y sin justificación manda un mensaje claro: Esa persona no sabe dónde está parada y no se respetas a ti mismo. Y si alguien no se respeta, ¿por qué deberían hacerlo los demás? Este hábito convierte a quien lo padece en alguien que retrocede ante la más mínima sombra de confrontación.

- "Disculpe, ¡ay, qué pena! ¿Podría...?"

- "Disculpa, no quiero molestar, pero..."

- "Discúlpame, ¿puedo hacerte una pregunta?"

Esas y muchas otras frases similares y que parecen inofensivas, son balas de fogueo que los enfermos de *Disculpitis* disparan sin pensar, reflejando una inseguridad profunda y un miedo irracional al rechazo. Nadie necesita disculparse por existir.

El punto es que las disculpas, las de verdad, deberían reservarse para lo que realmente las merece: cuando has cometido un error genuino o causado un daño real. Disculparte por miedo o por relleno socava tu autoestima y devalúa tu palabra.

Pongámoslo así: la palabra "disculpa" viene del latín, de "dis-", que implica negación, y "culpa", que significa -obviamente-, "falta". Etimológicamente, disculparse es liberarse de culpa. Entonces, cada vez que lo haces, pregúntate: ¿hay de verdad alguna culpa de la cual liberarse? Si la respuesta es no, tu disculpa está de más. Y si tu respuesta es afirmativa, entonces asegúrate de que la misma venga con un propósito y un cambio verdadero.

Cuando las disculpas se reparten como dulces, se vuelven ruido de fondo. Una disculpa sincera puede reparar una relación, pero si la usas a cada rato, pierde todo su valor.

Romper con la *Disculpitis* requiere que antes de hablar, hagas una pausa para preguntarte si realmente la acción merece la disculpa. En vez de disculparte por llegar tarde, agradece la paciencia por esperar. Defiende tus decisiones sin pedir perdón como muletilla. Aprende a detectar cuando estás siguiendo un guion cultural impuesto y cámbialo.

Prueba este ejercicio, haz un "ayuno de disculpas". Cuenta cuántas veces dices "disculpa", "lo siento", "perdón" y sus variantes durante tres o cuatro días. Luego, comprométete a disculparte solo cuando sea realmente necesario durante los siguientes diez días. No más pedir perdón por existir o por proyectar tu sombra. Al principio se sentirá incómodo, alguna que otra "disculpa" se te escapará, pero todo es parte del proceso. Cada pequeño paso contará para fortalecer esa seguridad. Con el tiempo, las disculpas vacías desaparecerán. Es un ejercicio simple pero efectivo para mejorar la autoestima.

Cuando esa vocecita interna -la culpa- empiece su sermón de "No hagas tal cosa, o te verán mal", es momento de pisar el freno. Es hora de escarbar esos pensamientos. La idea de "maldad" suele ser un eco de creencias antiguas, impuestas por figuras que, por su propio bienestar, no querían que los avergonzáramos. Pero esas creencias, no siempre son reales ni van de la mano con nuestros valores actuales.

La disculpa debe ser un acto consciente, no un reflejo automático. Reducir las excusas sin sentido fortalece el respeto propio y el de los demás. Si vives pidiendo perdón a cada rato, quizás de verdad estés metiendo la pata seguido -en cuyo caso mereces un tirón de orejas- o quizás, solo estás exagerando, pides perdón porque sí, y temes hasta tu sombra. Ninguna de las dos causas es útil.

Así que, basta de "disculpas" sin ton ni son. Usa las palabras con el peso que merecen, y verás cómo crece el respeto, tanto el tuyo como el de los demás. Decide vacunarte contra la *Disculpitis*.

El poder del silencio

El silencio no es un gesto débil ni cobarde, es un muro que pone límites, mantiene tu dignidad intacta y puede comunicar más que docenas de palabras adobadas con rabia y frustración.

El silencio es la jugada maestra para esgrimir fronteras sin pasarse de amables ni volverse agresivos. Cuando te piden cosas ridículas o te enfrentas a manipulaciones, el callar puede hablar más alto que cualquier discurso. Guardar silencio deja claro que no estás para reaccionar a la velocidad de la luz, que prefieres pensar antes de responder y que no es tan fácil forzarte a contestar por demanda. Optar por el silencio es tomar las riendas de cómo actuar, en vez de dejar que cualquier impulso te haga responder de inmediato.

Los estoicos tenían bien claro que el silencio era sinónimo de autocontrol. Epicteto lo resumió diciendo que "Tenemos dos oídos y una boca para escuchar el doble de lo que hablamos". Esta simple idea resalta el valor de responder con cabeza fría y moderación. El silencio demuestra que te concentras en lo que sí puedes controlar: tus reacciones. No puedes manejar lo externo, pero sí puedes decidir no responder, o esperar para hacerlo.

El silencio también es un acto de amor propio. Deja claro que confías en tus propios pensamientos, que no necesitas justificar cada cosa al instante ni perseguir cada discusión o buscar tener la última palabra. Guardar silencio muestra que no vives según las reglas de los demás. Te da tiempo para procesar y responder a tu manera.

En el mundo de los negocios, una pausa puede ser más efectiva que cualquier argumento: hace que la otra parte hable más o cambie de postura. En los conflictos, el callar, baja la tensión y da espacio para repensar las cosas. Y al tomar decisiones, un momento de reflexión silenciosa evita respuestas automáticas y poco pensadas. Frente a conductas inaceptables el silencio es una herramientas que evita un inútil ir y venir.

Pero ojo, no confundas callar con pasividad. Guardar silencio debe ser una elección activa que en verdad pueda comunicar más que cualquier monólogo. No se trata de esquivar problemas ni huir de la verdad, sino de saber cuándo contenerse y cuándo actuar.

Para sacar provecho del silencio, hay que acostumbrarse a las pausas y resistir el impulso de llenar cada hueco con palabras. Antes de responder a críticas o demandas, es mejor esperar y pensar. Acompañar el silencio con una mirada firme y calma, potencia su efecto.

En lo personal, un truco que me funciona bastante bien, es repetirme mentalmente una frase como mantra cuando me he visto envuelto en alguna discusión inútil y quiero guardar silencio: "¡Quien hable, pierde!" y "por la boca muere el pez". Al fragor de una discusión elevada, me refugio en ese diálogo interno, repitiéndome esas frases una y otra vez, mientras el otro jadea, vocaliza y habla sin parar -muchas veces, incluso arrepintiéndose después de lo que alcanzó a decir-. En situaciones donde cualquiera llenaría el vacío con palabras, comentarios al azar o hasta insultos, uno se mantiene frío como el hielo. Por dentro solo hay que mantenerse firme repitiéndose esas afirmaciones, por fuera… ¡nada logra afectarte!

Practicar el silencio también es dejar de justificarte y de buscar aprobación. Es renunciar a esa falsa sensación de control, pero a la vez, define límites y otorga respeto sin necesidad de hablar. Es un símbolo de seguridad, una declaración de que no te dejas arrastrar por el caos externo. Cuando eliges callar, envías un mensaje poderoso: no eres esclavo de tus palabras, ni tampoco de las de los demás.

El arte de decir "NO" y estar disponible a discreción

Si sientes que siempre estás disponible para todos, todo el tiempo, entonces es hora de frenar y replantearte tus prioridades. Tu tiempo y energía no son un recurso inagotable, y por ende, merecen una sabia distribución e inversión de tu parte, antes que por parte de los demás.

Estar disponible a discreción no te convierte en un muñeco de hielo. Es muy fácil caer en la trampa de pensar que siempre tenemos que estar disponibles para los demás, incluso si eso significa desmoronar nuestro propio equilibrio emocional, o hasta cancelar nuestros planes. Pero la realidad es que no puedes ser el sostén de todos, y menos, hacerlo todo el tiempo.

Empieza por identificar a las personas y situaciones que realmente merecen tu atención. No significa que tengas que cortar lazos con todo el mundo, sino simplemente ser más consciente de dónde inviertes tu tiempo y energía. Rodéate de gente que te valore y respete tus límites, gente que te aporte, gente de la que aprendas.

Jorge Luis Borges tenía una profunda comprensión de la amistad, destacando su naturaleza atemporal al afirmar que "la amistad no necesita frecuencia" y que puede "prescindir de la frecuencia o de la frecuentación". Esta visión se evidenciaba en su propia vida, pues mantenía amistades íntimas a pesar de verse solo "tres o cuatro veces al año" con quienes consideraba sus verdaderos amigos. En cuanto a los límites de la amistad, Borges entendía que un verdadero amigo no necesita cargar con todas las soluciones a los problemas del otro, sino simplemente estar presente y escuchar. Como él mismo expresaba: "No puedo darte soluciones para todos los problemas de la vida, ni tengo respuestas para tus dudas o temores, pero puedo escucharte y compartirlo contigo". Esta perspectiva refleja una sabiduría profunda sobre la verdadera naturaleza de la amistad: un vínculo que no requiere constante presencia física ni la responsabilidad de resolver los problemas del otro, sino más bien ofrecer compañía y comprensión.

Cuando alguien te pida algo que no puedes o no quieres hacer, practica el arte de decir "NO". Puedes ser amable pero firme, explicando brevemente tus motivos sin cargar con culpas. Recuerda que cuidar de ti mismo no es egoísmo, es asegurarte de que puedas estar ahí para los demás cuando realmente te necesiten.

Decir "NO" a lo que no quieres te permite darle un "SÍ" a la verdad que sí te satisface. Las personas que realmente te aprecian entenderán y respetarán tus límites. Y aquellos que solo quieren aprovecharse de tu buena voluntad, o usarte como vehículo para sus propias pasiones, bueno... quizás es hora de pensar qué rol juegan en tu vida.

No lo olvides: tu tiempo y energía son tuyos para manejar. Al ser selectivamente disponible, estás tomando el control y priorizando tu bienestar. Y eso, es todo un verdadero acto de sinceridad y autenticidad con uno mismo.

Soltar, dejar ir y fluir

El ser humano tiene cuatro necesidades básicas, y cada una puede satisfacerse tanto de manera saludable como totalmente desastrosa. Estas son: la certeza, la variedad, la significancia y el amor o conexión.

La certeza corresponde a esa búsqueda por sentirnos seguros y estables. En el buen sentido, esto significa mantener rutinas sanas y tomar decisiones que nos acerquen a lo que queremos. Pero la falsa certeza, consiste en no hacer nada por nada. Es ser una papa en el sofá, es apelar a la mediocridad segura sobre el temor a lo nuevo.

En ese sentido, la variedad resulta algo contradictorio: queremos la chispa de la vida y que esta nos sorprenda, pero cuando dicha sorpresa se sale de control, ahí sí lloramos por volver a la calma de lo certero.

En cuanto a la significancia, esta también suele distorsionarse. Lo hace cuando saber quiénes somos viene definido por los demás. Contesta esta pregunta ahora mismo: ¿Quién eres tú? Si respondes en términos de tu carrera, tus títulos, tus padres, lo que tienes, a quién conoces, entonces caíste en la trampa: tu significado viene de afuera. Si respondes en términos de lo que buscas, cómo te defines, qué te gusta, cómo lo haces, estás apelando a la autenticidad. Somos lo que hacemos la mayoría de nuestro tiempo, no una etiqueta ni una estrellita que nos dan los demás.

Y por último, en lo que tiene que ver con el amor y la conexión, estos solo pueden surgir apropiadamente de mantener interacciones auténticas y una comunicación sin filtros que verdaderamente fortalezca los lazos con familia, amigos y seres queridos al no requerir de máscaras o falsas actitudes. Compartir nuestros pensamientos y sentimientos de manera abierta crea relaciones profundas. Pero cuando estás con tu alguien en una relación sentimental, solo porque esa persona es muy atractiva o porque el sexo es la bomba, o cuando tus amigos solo están allí porque tienen como "hobby" de fin de semana, ver cuantas cervezas más pueden tragar, por ahí no es…

Todos priorizamos unas necesidades sobre otras en diferentes momentos de la vida. Algunos necesitan más amor y conexión, buscando la aprobación de todos y esforzándose por ser aceptados en cada círculo social. Otros anhelan sentirse importantes, buscando destacar en su trabajo, acumular cosas materiales o presumir sus conocimientos.

Aquí es donde entra una idea distinta: en vez de buscar más de estas necesidades, hay que estar dispuesto a soltarlas y dejarlas ir… ¡y fluir! Suena fácil, pero es una de las lecciones más duras de la vida: Entender que todo, ABSOLUTAMENTE TODO en nuestro pasar por el mundo, es prestado.

Esta actitud se ajusta muy bien a las cuatro necesidades básicas: Tienes la certeza de que todo es pasajero. Nada puede sorprenderte cuando acepas esa verdad.

Hasta tu tiempo es prestado, tu tiempo es la moneda de la vida. Pero a diferencia de cualquier moneda, no puedes multiplicarla, solo invertirla. ¿Cómo vas a usar ese tiempo prestado? ¿gastándolo?

Hay que soltar a todo el mundo, no forzar a nadie. No buscar controlar cómo debería pensar, ni actuar nadie. Sí bien hay casos donde nos encantaría que otros aprendieran de nosotros para que ellos no desperdicien su propio tiempo -como cuando queremos enseñarle a otros algo, o como cuando un padre no quiere ver a sus hijos sufrir-, hay que dejar que cada quien aprenda por su cuenta. Puedes llevar el caballo al agua, pero no puedes obligarlo a beber.

Eso es fluir en su máxima expresión. Soltar la ilusión del control da miedo, significa confiar en que otros encontrarán su camino, cometerán errores y aprenderán de ellos mismos. Puede que se demoren y no vean las cosas tan rápido como uno, pero cada quien va a su tiempo y ritmo. Esto supone renunciar a ser el salvador de los demás, pero da espacio para un crecimiento real y para que en verdad sean los demás quienes tomen las riendas de su vida y encuentren sus propias motivaciones para cambiar.

¿Hay áreas donde estamos controlando cosas que no nos corresponde? ¿Nos aferramos demasiado a algo por miedo a perderlo o por necesidad de que no nos deje? ¿O son otros quienes se meten en lo que debería ser nuestro espacio? Hay que ser honestos y soltar. Dejar que cada quien ande su camino. Cuando quieras ayudar, señala la ruta, pero de allí a que otros la sigan o no, es problema de cada quien.

Cambiar de piel y el mito de la identidad estática

A todos nos ha pasado: vamos por la calle y de la nada nos topamos con alguien del pasado a quien no veíamos hace rato, y de repente sentimos que hemos sido transportados dentro de una cápsula del tiempo.

Ya sea en una reunión de exalumnos del colegio o la universidad, o en un encuentro inesperado con algún antiguo colega, de pronto parece que te piden sacar versiones anticuadas de ti mismo. Es como si quisieran ponerte un traje que ya no te queda, un traje que aprieta y que ahora te hace sentir incómodo. Ya no somos las personas del pasado que quedaron grabadas en la memoria de los demás y, sinceramente, no le debemos a nadie una explicación por haber cambiado desde entonces.

"Mudar la piel vieja" como las serpientes, es parte del crecimiento personal. Metafóricamente deberíamos aprender a deshacernos de identidades caducas para abrazar lo que realmente somos o lo que queremos ser. Pero no, la sociedad insiste en el mito de la identidad estática, esa creencia absurda de que lo que fuimos antes define para siempre lo que somos y seremos, y esto es incómodo, especialmente cuando te encuentras con personas que esperan que sigas actuando como ya no eres desde hace años.

Nuestro cuerpo es un recordatorio constante de cambio: las células se renuevan, mostrando que la transformación es parte de nuestra naturaleza[3]. Lo mismo aplica a nuestra mente, creencias y valores. Ese niño tímido y retraído del colegio que no hablaba mucho, puede ser hoy un orador carismático, o aquel calavera despreocupado y mujeriego puede ser ahora un padre comprometido y modelo a seguir. Cambiar no solo es natural, sino algo que debería celebrarse como símbolo de autodescubrimiento y crecimiento.

Cuando el pasado toca inesperadamente la puerta en forma de viejas épocas y antiguos conocidos, lo más probable es que su imagen de nosotros esté anclada en lo que ya quedó atrás. Pueden esperar reacciones y comportamientos que ya no tienen nada que ver con quienes somos ahora. Y, francamente, no hay ninguna razón para encajar en esos viejos moldes. De la misma manera que no te pones ropa que ya no te queda, tampoco debes actuar como alguien que ya no eres. Liberarse de esas pieles incómodas permite moverse en la vida con más autenticidad.

---

[3] El cuerpo humano se renueva constantemente, y aunque se estima que cada 7-10 años ocurre una renovación significativa. Mientras algunas células, como las del estómago, se renuevan cada pocos días, y la piel cada mes, otras como los huesos tardan una década. Es fascinante pensar que cada día se renueva aproximadamente el 1% de nuestras células, en un ciclo continuo que mantiene nuestro cuerpo en constante regeneración. https://www.scientificamerican.com/article/our-bodies-replace-billions-of-cells-every-day/

Claro, esto va en ambos sentidos. Los demás también han cambiado y debemos abordar nuestras interacciones con la mente abierta basándonos en lo que ellos son ahora y, como dijimos antes, fluyendo con sus nuevas identidades.

Si la presión de actuar como el que eras antes aparece, la asertividad es esencial. Reconoce tu propio crecimiento y habla de quién eres ahora sin rodeos, resistiendo la tentación de complacer a otros con una versión desfasada de ti mismo. Recuerda aquello de poner límites, porque tal vez es hora de actualizarlos: si las expectativas de alguien sobre ti no tienen fundamento o ya caducaron, es mejor decirlo sin darle vueltas y con firmeza. Enfocar las conversaciones en intereses y objetivos actuales ahorra dolores de cabeza.

Cada día ofrece la oportunidad de redefinirse. No hay ninguna deuda con el pasado de tu antiguo trabajo, la universidad, o tu colegio, ni siquiera con lo que eras hace un año. Mudar de piel y desafiar la idea de una identidad inmutable es la manera de recuperar el poder sobre uno mismo, de decidir quién eres en cada momento.

Te propongo un ejercicio simple pero práctico: reflexiona sobre los últimos años y nota al menos tres formas en las que has cambiado para tu propio bien y tranquilidad. Cosas nuevas que ahora te gustan de ti. Tal vez ya no bebes como antes -porque así lo decidiste o te diste cuenta que te cae muy mal-, tal vez ya no te trasnochas o te vas de juerga -porque no te da el cuerpo o tienes tanto trabajo que solo quieres llegar a casa a descansar-, tal vez ya no coqueteas con cualquiera -porque estás en una relación prometedora-, la idea es que la próxima vez que inesperadamente te encuentres con alguien a quien no veías hace mucho, señala de inmediato esos cambios. Píntalos de rojo -como menciono en otro libro con una temática que nada tiene que ver con la de este, titulado MAGIA ESTRATÉGICA-. Compartir estos cambios reafirma tu evolución y, además, ayuda al otro a enfocarse en la persona que eres hoy.

La relación más importante que existe siempre será la que tengas contigo mismo. Dicha relación también es cambiante. Es imperativo honrar tu propio crecimiento, reafirmar tu identidad actual y dejar atrás la urgencia de encajar en expectativas anticuadas. Las amistades auténticas apreciarán a la persona que eres ahora, y entenderán a la versión que dejaste atrás. La verdadera libertad está en mudar toda piel vieja y ser la persona cambiante y en evolución que estás destinado a ser. Y, a los que no les guste tanto tu nuevo "YO", ¡De malas!

El arte de no tomarse nada personalmente

Controla lo que realmente puedes manejar y deja de ser un pajarito complaciente empezando por dejar de tomarte todo a pecho. Este enfoque, que mezcla la filosofía estoica con la psicología moderna, puede revolucionar cómo manejas tus relaciones, enfrentas las críticas y mantienes tu equilibrio emocional. La idea es sencilla: lo que otros dicen o hacen, dice más sobre su propio mundo interior que sobre el tuyo. Es cuestión de desconectarte mentalmente de las influencias externas sin que tu integridad emocional se venga abajo. No se trata de volverte un insensible, sino de mantenerte firme cuando el comportamiento de los demás, especialmente sus opiniones, intenten desestabilizarte.

Mira a los estoicos como Marco Aurelio y Epicteto[4], que nos dejaron entre sus lecciones que solo tenemos

---

[4] Marco Aurelio y Epicteto fueron dos de los filósofos estoicos más influyentes de la antigua Roma, aunque desde posiciones sociales radicalmente opuestas. Epicteto nació como esclavo en el siglo I d.C. y, tras obtener su libertad, se convirtió en uno de los maestros más respetados de filosofía estoica, enseñando que la verdadera libertad viene de aceptar lo que está fuera de nuestro control y enfocarnos en nuestras respuestas internas a los eventos externos. Sus enseñanzas fueron recopiladas por su alumno Arriano en obras como el "Enchiridion" y las "Disertaciones".

Marco Aurelio, por su parte, fue emperador de Roma durante el período 161-180 d.C., conocido como el último de los "Cinco Buenos Emperadores". A pesar de sus responsabilidades como gobernante del Imperio Romano, dedicó tiempo a escribir reflexiones filosóficas personales que se convertirían en su obra "Meditaciones", un diario íntimo que nunca pretendió publicar. En sus escritos, exploró temas como la poder sobre lo que realmente podemos controlar. Desde esa perspectiva, el cómo reaccionas es una decisión tuya y de nadie más. Epicteto lo resumió perfecto: "Lo que importa no es lo que te pasa, sino cómo reaccionas ante ello". Aquí está el truco: no puedes controlar lo que hacen u opinan los demás, pero sí puedes decidir cómo te sientes al respecto.

La tendencia a tomarse todo a pecho suele estar arraigada en inseguridades personales y experiencias pasadas. Si puedes identificar qué provoca sentirte desbalanceado, mejor. Quizás eres consciente de que un mal comentario sobre tu trabajo puede hacerte sentir inferior o que te hablen en cierto tono de voz te irrita. Identificar estos desencadenantes es el primer paso para que no dominen tu vida. Lo bueno es que no necesitas reconocerlos de antemano: cuando ocurren, te dan la oportunidad de aprender de ellos. Esto es, aplicar tu inteligencia emocional al máximo y, en vez de descomponerte, detenerte a pensar: "¡Vaya! Esto parece que está teniendo el poder de descontrolarme. Interesante. ¿Por qué será?". Esos milisegundos de reconocer algo que podría desmoronarte pueden marcar la diferencia sobre cómo ves el mundo y cuánto poder le das a las circunstancias.

---

naturaleza del deber, la mortalidad y cómo mantener la serenidad frente a la adversidad, combinando su papel como líder político con una profunda práctica filosófica personal.

Cuando alguien actúe de manera que te altere, recuerda que sus acciones tienen más que ver con su vida que con la tuya. Tal vez esté pasando un mal día o lidiando con problemas que no puedes ver. La atención plena es una herramienta para no dejarte arrastrar por la emoción. El viejo truco de contar hasta diez y respirar hondo tres veces, sigue siendo útil. Observa lo que sientes sin apresurarte a juzgar, regálate esos segundos de contemplación del asunto. No asumas nada, no decidas ni actúes bajo el veneno de la emoción provocada por cualquier opinión, esto te ayudará a manejar cualquier acto que podría convertirse en una guerra nimia.

Pero no te confundas, no tomarte las cosas a pecho tampoco significa que tengas que tragar entero todo lo que te digan. Por ejemplo, al enfrentar una crítica, puedes pedir claridad en lugar de asumir, exagerar o llevar las cosas al extremo para evitar malos entendidos. Preguntar: "¿Qué quieres decir con eso?", "¿Cómo podría mejorar eso de mi trabajo que no te gusta?" convierte un momento defensivo en una oportunidad de aprendizaje. Incluso puedes descubrir si la crítica es realmente válida o, nuevamente, solo una proyección personal de quien la da.

Me gusta decir que "a la gente le encanta joder por joder" -y a nadie le gusta que lo jodan-, luego, que se crean su cuento de que están jodiendo, pero tú no te dejes joder por dentro. También es esencial defender o realzar tus límites cuando estos no están claros para el otro. Si alguien cruza la línea, mantén la firmeza, y esfuérzate por no perder la compostura, una respuesta para estos casos es alzar la mano en señal de DETENTE y decir con cero emoción y cual roca anclada en el océano: "Ya te escuché y ahora no quiero hablar de eso".

La autoconciencia fortalece la capacidad de que te rebote lo que debe rebotarte. Tomarse un momento para revisar nuestras reacciones y notar patrones antes de mover cualquier músculo -incluyendo la boca- ayuda. Incluso llevar un diario puede ser útil para identificar detonantes y explorar nuevas formas de responder: "Querido diario: hoy me sacaron de quicio por esto y aquello…", eso es reconocer la emoción, luego analiza qué podrías hacer diferente en una situación futura similar o qué puedes sacar de dicha situación escribiendo algo como "creo que de esto puedo aprender que…" y responde. Escribir es una forma de cosificar sentimientos, nos permite verlos desde afuera y darles forma, ser objetivos y hacer limpieza mental y emocional.

Otra técnica, especialmente útil ante la crítica y la opinión -que a veces suele ser estúpida y carecer de fondo-, es pensar y repetirte mentalmente mientras te hablan: "Todos tienen derecho a su opinión. Yo sé de lo que soy capaz y decido que ninguna opinión me afecta en ese sentido". ¡A todo el mundo le gusta opinar! La gente cree que por decir abiertamente todo lo que cree, a alguien le va a importar o que van a cambiar el mundo. Si una opinión es estúpida, que el viento se encargue de diluirla, tú tranquilo.

El punto es que uno no es las opiniones de los demás. Dominar el arte de no tomarse las cosas de forma personal solo puede ser positivo. Se reacciona menos, se conecta más, se evitan peleas inútiles y se enfoca en lo esencial que al fin y al cabo es lo que buscamos: mayor asertividad y paz interior. No se trata de ser indiferente, sino de abrazar la calma en medio del caos. Don Miguel Ruiz[5] lo dijo de forma magistral: "Nada de lo que hacen los demás es por tu culpa. Es por ellos mismos".

---

[5] Don Miguel Ruiz, nacido en México en una familia de curanderos tradicionales, siguió inicialmente el camino de la medicina moderna, graduándose como médico. Sin embargo, una experiencia cercana a la muerte transformó su perspectiva vital, llevándolo a profundizar en la sabiduría ancestral tolteca que había aprendido de su madre y su abuelo. Se convirtió en un nagual (maestro espiritual) de la tradición tolteca y ha dedicado su vida a compartir este antiguo conocimiento de una manera accesible para el mundo moderno.

Su libro "Los Cuatro Acuerdos", publicado en 1997, se convirtió en un fenómeno internacional, permaneciendo durante años en la lista de best-sellers del New York Times. En esta obra, Ruiz destila la sabiduría tolteca en cuatro principios fundamentales para alcanzar la libertad personal y la verdadera felicidad: Sé impecable con tus palabras (evita el chisme y usa el poder de tu palabra para la verdad y el amor); No te tomes nada personalmente (nada de lo que otros hacen es por ti, sino por ellos mismos); No hagas suposiciones (comunícate con claridad y evita malentendidos); y Haz siempre tu máximo esfuerzo (actúa en el momento presente con la intensidad adecuada, sin excederte ni quedarte corto).

El miedo al rechazo

A todos nos gusta caer bien, entre ser el chico cool o el patito feo, la elección es obvia. El problema surge cuando ese afán de aprobación se convierte en una obsesión inquebrantable. Cuando necesitas que los demás te aprueben a toda costa, empiezas a comportarte de forma forzada, perdiendo la autenticidad y, lo peor, la satisfacción personal.

Este deseo descontrolado genera hábitos meticulosos para complacer y evitar el rechazo: pensar de más, vacilar antes de hablar, medir cada respuesta al milímetro, asentir hasta el cansancio, reír sin ganas, estar de acuerdo sin estar convencido, esquivar el contacto visual, cargar culpas, arrepentirse por todo, y mucho más. Nos autocensuramos para no destacar y fingimos ser siempre serviciales. Comportamientos que parecen inofensivos, pero que silenciosamente drenan nuestra energía y nos despojan de lo genuino.

Los niños captan la frustración, el enojo y la decepción de sus padres y aprenden a complacerlos, adaptándose para evitar esos sentimientos negativos en ellos. Claro, los niños se rebelan, pero con el tiempo, internalizan el deseo de evitar cualquier conflicto. De ese mismo modo, llamados de atención como "no hables si no te hablan" y "deja de preguntar tanto" destruyen la asertividad y empujan a la represión interior. La obediencia sin cuestionamientos se convierte en el valor supremo. Expresiones como "Haz lo que digo y no cuestiones" se normalizan, especialmente cuando los padres están al límite.

La ironía surge cuando, ya adultos, se espera que tras haber crecido programados con dichos códigos, seamos personas asertivas, seguras y expresivas. Después de años buscando aprobación y evitando conflictos, muchos luchan por seguir siendo así.

Así, la "amabilidad forzada" se transforma en un conjunto de reglas basadas en el miedo: miedo a ser rechazados. Estos niños crecen temiendo equivocarse, ser etiquetados de "maleducados", ya de adultos cargan el lastre subconsciente de no decepcionar a sus padres -así estos ya no estén-, crean un resentimiento que les lleva a sentirse inferiores ante todo el mundo, porque aprenden a mirar a todos hacia arriba, y desarrollan la costumbre de disculparse por todo, como ya lo habíamos visto anteriormente.

El asunto es que ya hemos crecido, ya nuestro mundo entero no es solo papá, mamá y nuestros hermanos. El entorno cambió, no hay razón para que no te adaptas a él. Tu jefe no es tu papá, tu pareja no es tu mamá, tus amigos no son tus hijos, tu trabajo no es tu casa. Tu algoritmo está desactualizado.

Me gusta llamar a ese algoritmo "Falso BuDA (Falso Buscador De Aprobación). Gracias a este código que se disfraza de "paz y amor para todo, con todo y por todo", existe una subrutina inconsciente que nos empuja a vivir buscando aceptación externa, evitar los conflictos y comprometer nuestros principios en pos de una falsa armonía. Ese BuDA se encarga de que todo esté en un orden pristino para los demás, pero jodido para nosotros mismos. Todo para que la opinión ajena sea favorable.

Cuando ese buscador toma las riendas, este quiere hacerse a dos objetivos a toda costa:

1. Evitar juicios, críticas y desaprobación.

2. Obtener reconocimiento positivo y constante.

Además, el primer objetivo siempre tiene más peso sobre el segundo, para el BuDA si no hablan bien de él, pues que ni hablen, ni lo desaprueben. En ambientes sociales nuevos su enfoque es evitar lo negativo: hablar solo cuando se nos pide, sonreír a la fuerza, asentir y mantenernos amigables. Si una anécdota tiene el potencial de sernos incómoda o insultante, nuestro Buscador de Aprobación prefiere agachar la cabeza, someterse a la burla y sonreír con todos.

Como ese algoritmo BuDA es inflexible ante la desaprobación, entonces te establece reglas que terminan siendo algo extremas: Nadie debe pensar nada negativo sobre tu aspecto, voz, decisiones, comentarios, etc. Nadie debe sentirse incómodo en tu presencia. Nadie debe mostrar desaprobación visible de ti.

Por esto el desgaste por dar la impresión perfecta y la duda de si lo hicimos bien o no tras conocer a alguien o estar en algún evento social. El problema es que estas reglas son agotadoras y solo alimentan la ansiedad -por eso son ridículas-. Cuando damos demasiado espacio al BuDA nos volvemos inseguros y perdemos autenticidad. Incluso, esa búsqueda de aprobación suele intensificarse cuando estamos rodeados de personas que consideramos más atractivas, exitosas o influyentes, dándoles más peso a sus opiniones que a las propias. El Buscador de Aprobación también es el creador de ese efecto Spotlight que mencionamos anteriormente, y por ende es asistente de esa bruja que es la culpa, activando ese pensamiento de "¿será que no soy suficiente?".

Pero ¿qué tal si en lugar de luchar contra ese BuDA, lo aceptamos como parte de nosotros y aprendemos a reírnos de él? Imagina que ese algoritmo es un drama queen: un amigo dramático que siempre exagera todo. En vez de intentar silenciarlo, podríamos darle un nombre gracioso, como "Pancho el Paranoico" o "Sofía la Sobreanalítica".

Cada vez que sientas que ese miedo al rechazo se activa, visualiza a tu BuDA personificado haciendo un berrinche en tu cabeza. "Oh no, ¡van a pensar que soy un idiota!" Ahí es cuando le dices: "Tranquilo, Pancho, respira. Tu eres un loco paranoico, relájate un poco".

Otra estrategia poco convencional para lidiar con el miedo al rechazo es adoptar el "método del payaso torpe a voluntad". La próxima vez que estés en una situación social que te ponga nervioso, proponte cometer intencionalmente un pequeño error social. Derrama un poco de agua sobre ti, cuenta un chiste malo a propósito, o usa una palabra equivocada. Observa cómo el mundo no se acaba, que estás exagerando la atención que crees que estás recibiendo, y cómo, de hecho, esto puede hasta hacer que los demás se sientan más cómodos a tu alrededor.

Pero la estrategia que más me gusta es la del adoptar la filosofía del "¿Y qué?": Cada vez que tu BuDA interno empiece a preocuparse por lo que otros puedan pensar, simplemente pregúntate: "¿Y qué?": ¿No les caigo bien? ¿Y qué? ¿Piensan que soy raro? ¿Y qué? ¿No me invitaron? ¿Y qué? Repítelo hasta que te des cuenta de lo insignificante que es en realidad.

El miedo al rechazo es como un músculo que has estado ejercitando toda tu vida. Es hora de empezar a ejercitar el músculo opuesto: No se trata de eliminar completamente el miedo, sino de aprender a bailar con él, a reírte de él y, en el proceso, descubrir que eres mucho más fuerte y resiliente de lo que crees.

Así que la próxima vez que tu BuDA interno empiece a hacer ruido, ponle una nariz de payaso, dale unas palmaditas en la espalda y dile: "Gracias por tu preocupación, pero yo me encargo de esto".

¡Y qué!

No cargues con los problemas de nadie

Si de verdad quieres dejar de ser tan buena gente, primero tienes que entender dónde terminan tus responsabilidades y empiezan las de los demás. Ese impulso de meter la nariz y cargar con los líos ajenos es casi un instinto humano: padres que se sienten la solución absoluta de sus hijos, parejas que intentan complacer al otro hasta el agotamiento y amigos que, en su afán de ayudar, terminan atrapados en dramas que no les competen. Pero, ¿dónde está la línea?

Al final del día, cada quien tiene que lidiar con lo suyo. Los padres pueden apoyar y estar presentes por sus hijos, pero solo ellos al crecer tendrán que asumir la responsabilidad de sus actos, pedir ayuda y aprender por cuenta propia. Tomar el control del camino de alguien, por más buenas intenciones que uno tenga, le quita al otro su oportunidad de crecer. Es como darle a alguien una bicicleta para manejarla tú, es bonito, pero le impide aprender a equilibrarse y pedalearla por sí mismo.

Esto no solo aplica a las familias, sino a todas las relaciones. Hacerse cargo de los asuntos de otros borra tu propia identidad. Terminas perdiendo el norte, abrumado por las cargas de los demás. Es como intentar balancear una montaña de platos sucios mientras otros siguen agregando más al montón. Aprender a separar lo tuyo de lo ajeno te libera de un peso que no deberías estar cargando.

No se trata de ser frío. De hecho, es una forma de amar mejor: apoyar y confiar, pero es el otro quien tiene que solucionar. Confiar en los demás implica reconocer que son responsables de sus propias acciones. ¿Estás asumiendo responsabilidades que no te corresponden? ¿Qué parte del estrés podrías evitar si aceptaras que no puedes manejar las decisiones de otros?

Dejar de involucrarte en los asuntos de otros no significa que dejes de preocuparte. Significa que demuestras un amor que empodera y no que sofoca. Ofreces apoyo sin las cadenas del control, es un amor pero sin condiciones. Este enfoque permite que tú y quienes te rodean vivan las subidas y bajadas de la vida de manera más autónoma.

¿Qué podrías soltar hoy? ¿Qué relaciones podrían mejorar si confiaras más y dejaras de querer controlar todo? Aprender a separar tu camino del de los demás es un trabajo de toda la vida, pero cada paso en esa dirección es un paso hacia una vida más plena y auténtica.

¡Suéltalos! Que cada quien dé sus propios pasos y se caiga si tiene que hacerlo.

Relaciones sinceras

¿Has escuchado aquello de que solemos ser el promedio de las personas con que nos rodeamos[6]? Uno de los consejos más subestimados para cambiar y alcanzar la excelencia consiste en revisar seriamente quienes son las personas con quienes vivimos metidos. Ponle seriedad al asunto y mira bien cómo se entrelazan tus relaciones: ¿realmente aportan algo o solo sirven para tapar tus vacíos? Si lo haces con brutal honestidad, este ejercicio inevitablemente te va a dar una revelación: no todo lo que brilla es oro, tal vez has estado perdiendo tiempo... pero ya basta, es hora de cambiar.

Analiza tus relaciones y sé sincero frente a lo que realmente esperas de ellas. Me refiero a todo tipo de vínculos: amistades, parejas, jefes, empleados, quizás hasta tu familia, ¿Te mueve el elogio y la búsqueda de aprobación? ¿Te mueve el temor a decepcionarlos? ¿O es el miedo a la soledad lo que te hace quedarte y seguir

---

[6] La teoría de que somos el promedio de las personas que nos rodean, difundida por Jim Rohn, sostiene que las personas de nuestro entorno ejercen una gran influencia en nuestros comportamientos, actitudes y hábitos. Este fenómeno se explica en parte por el aprendizaje por imitación, donde tendemos a replicar los comportamientos y pensamientos de quienes nos rodean, adaptándonos a las dinámicas del grupo. Así, nuestra "programación cerebral" nos predispone a adoptar conductas que percibimos en nuestro entorno inmediato, lo que implica que nuestras relaciones pueden moldear nuestras decisiones de forma sutil pero persistente (https://www.nuriamartinez.es/promedio-de-las-5-personas/).

con los mismos de siempre aun cuando no esté jugando a tu favor en nada?

Si estás buscando el elogio y la aprobación, recuerda al BuDA que mencionábamos anteriormente. Con tus amigos, pregúntate: ¿son compañeros de vida o solo extras para pasar el rato? Si las reuniones solo consisten en alcohol, descontrol o contar otra vez las mismas historias de siempre, tal vez es tiempo de rodearte de otras personas que te impulsen a crecer en otros ámbitos. Gente para pasar el rato sobra, los que realmente son valiosos son los que con sus palabras logran trascender el tiempo que compartimos con ellos, gente a la que uno en verdad le aprende. Personas que dicen cosas que cuando uno escucha con atención… hacen clic en la cabeza. Esas personas sí que son valiosas: son gente para aprender, cumplido ese requisito, la fiesta puede venir después.

En el terreno de tu pareja, haz la misma reflexión. ¿Es alguien con quien crecer y apoyarse a largo plazo? ¿Si la belleza desaparece, ambos seguirían allí juntos? ¿Existe ese compromiso mutuo de evolución? Una relación debería nutrir, no arrastrarte a conformarte con lo que hay. En este mimo plano, si tu pareja no te ayuda a volar, despéjale la pista y tú mándala a volar.

Y si hablamos de jefes y superiores, cuestiona: ¿te ven como un peón de sus propios planes, o como alguien clave para el crecimiento de todos en la organización? Un líder de verdad valora a su equipo y promueve un ambiente donde todos prosperan. Claro que ningún jefe es perfecto, y le toca ser duro de tanto en tanto, pero si sientes que algo está mal, pues por algo será, quizás es hora de cambiar de juego.

Hay que ser franco: ¿Tus relaciones obedecen a algún juego de poder o sociedad de mutuo elogio? ¿Cómo serían tus lazos sin escalones de poder? ¿Puedes imaginar un espacio donde el valor sea independiente de lo que alguien hace o deja de hacer?

Dejar de pensar en términos de "arriba" y "abajo" con las personas que te relacionas, da espacio a simplemente ser, permitiendo lo mismo a los demás. Este es el núcleo de las relaciones valiosas, nacidas del respeto propio. Separar la autoestima de la validación externa le da una base más sólida a tu vida.

Entonces, ¿qué te queda cuando quitas las etiquetas, las expectativas, las jerarquías? Te queda una versión de las relaciones más desnuda, más auténtica, donde ya no eres tú quien se ajusta a los demás, sino que empiezas a construir la vida en compañía de aquellos que, simplemente, encajan. Es un proceso que puede llevarte a soltar amistades y lazos que parecían sólidos, pero que, en realidad, no te permitían avanzar.

Cuando el valor de las relaciones se mide en experiencias compartidas y en un respeto sincero, todo cambia. La gente llega y se queda, no por llenar vacíos, sino porque aporta, y tú te encuentras aportando también. No es una agenda comunista disfrazada de camaradería, es liberarte del filtro del estatus y del miedo al rechazo para entrar en relaciones de igual a igual. Y ahí, en ese punto, te das cuenta de que tus lazos se vuelven un verdadero soporte, una red de personas que te elevan y que tú también elevas.

Así que ve y observa de nuevo quiénes caminan a tu lado. No todo el mundo tiene que quedarse, y eso está bien. Lo que vale, lo que de verdad transforma, es la calidad de los vínculos que eliges mantener. Tu entorno es un reflejo de tus decisiones, y tu vida—con todo lo que eliges construir—es el eco de esas decisiones.

Si eres el promedio de las personas con que te relaciones, cierra el círculo, y escoge bien a quienes dejarás adentro.

Egoísmo saludable

Pregunta a cualquiera si el ser egoísta es bueno, y los "NO" te caerán como balazos.

Practicar un egoísmo saludable es la única manera de dejar de jugar al héroe agotado que salva a todos menos a sí mismo.

El cambio empieza cuestionando esa idea de que velar por uno mismo está mal y por lo tanto, es egoísta. La verdadera responsabilidad radica en aceptar lo que uno necesita, expresarlo y buscar satisfacerlo. Obviamente respetando los límites de los demás -no hay que llevarse a nadie por delante-. Esto, para muchos, parece ser un acto titánico. Nos quedamos callados, creyendo que querer y pedir para nosotros es malo. Ese silencio nos vuelve impotentes, como niños esperando a que alguien adivine lo que necesitamos. Cuando eso no ocurre, la frustración y el resentimiento florecen, y los demás se vuelven insensibles a nuestros ojos.

La solución está en adueñarse de la propia experiencia. Solo uno puede ponerse primero. Los demás tienen sus propias vidas, sus propias emociones. Es TU tarea manifestar TUS necesidades y velar por TU bienestar. Esto implica romper hábitos arraigados y entender que buscar siempre priorizar a otros es insostenible. Hacerlo, siempre termina en resentimiento y mina la felicidad.

Pregúntate seguido y sin ninguna vergüenza: ¿Qué necesito? ¿Cómo puedo cuidar de mí sin remordimientos? Hazlo. Esa culpa por priorizarte es un lastre que debes soltar. Cuando tomas las riendas de tu bienestar, das permiso a otros de responsabilizarse de sí mismos. Ya no parecen desvalidos, se vuelven capaces. El entendimiento sobre nosotros y los demás cambia: Podemos decirnos tranquilamente: "yo tengo poder, tú también". Usemos eso con la cabeza, pero con la cabeza de CADA UNO.

Ser demasiado complaciente es una bomba de tiempo para cualquier relación. Anteponer tus necesidades, callarte o temer mostrarte como realmente eres, va minando la vitalidad de cualquier vínculo. Si ambos en una pareja se comportan así, la confianza se desploma, el resentimiento se amontona y la atracción se esfuma. Sin confianza, el resentimiento es veneno que destroza cualquier relación y levanta muros emocionales.

Por otro lado, la autenticidad y el coraje avivan la atracción. La conexión genuina y la pasión florecen cuando uno se muestra sin temor y dice lo que piensa, mientras que al mismo tiempo permite que el otro piense como quiera al respecto, cada quien que tenga tranquilo su opinión de lo que sea.

Es importante recordar que cada vez que uno renuncia a sí mismo, está enviando un mensaje silencioso: "Mis necesidades no importan". Este mensaje, aunque no se diga en voz alta, impregna el vínculo, y con el tiempo, va instalando una especie de distancia emocional. Por otro lado, un respeto genuino por uno mismo actúa como una especie de pulso que marca el ritmo en las relaciones, permitiendo una reciprocidad más sana, sin forzar ni exigir de más. En ese intercambio de límites y deseos expresados, la conexión se enriquece, no porque uno se esté sacrificando, sino porque cada uno está aportando desde su verdad.

No se trata de construir relaciones donde uno siempre gana o donde uno se impone, sino de crear un espacio donde la autenticidad sea el terreno común. Ese tipo de lazos, donde uno se atreve a decir "esto es lo que quiero" o "esto no lo necesito", también permite que el otro se exprese sin miedo a represalias o juicios. Esas son las relaciones que prosperan, porque hay una libertad compartida para ser, para cuidar de uno mismo sin cargar de expectativas al otro. En ellas, no hace falta jugar al adivino, y no hay espacio para el resentimiento que nace de lo no dicho.

Así, ese "egoísmo saludable" deja de ser egoísmo y se convierte en algo más: en responsabilidad, en respeto por la relación y en una afirmación silenciosa de que ambos merecen vivir en plenitud. Cuando uno empieza a asumir su propio bienestar, lo que sigue es un efecto natural en los demás, un respeto mutuo que crece sin forzarlo, casi como un reflejo inevitable de la verdad compartida entre dos personas que eligen ser, sin máscaras, sin esperar a ser salvados.

Autenticidad, el secreto de la sexualidad plena

Si bien la intimidad "educada" no es mala, tampoco deja nada en la memoria. Puede ser tierna y cariñosa, pero rara vez enciende esa chispa magnética de la pasión. Es como una canción con una sola nota, sigue el ritmo, pero no tiene cambios melódicos que cuenten historias.

Esto ocurre cuando tratamos la intimidad obsesionándonos con lo que creemos que el otro espera de nosotros. Nos convertimos en actores siguiendo un guion rígido, temerosos de improvisar. Claro, ser considerado, en lo que a la sexualidad corresponde, es esencial, pero también lo es ser auténtico. Solo así disfrutamos sin reservas. Además, al darnos a la autenticidad y deseos del otro la experiencia es la mejor para ambos. Cuando dejamos de sobrepensar y nos permitimos experimentar y dejar que "lo que salga" fluya, transmitimos una energía que revitaliza la conexión. La verdadera magia surge de esa espontaneidad.

La comunicación clara y directa parece ser más tabú que cualquier fetiche, pero es fundamental para que la intimidad florezca. No recuerdo quien dijo que las parejas deben tener mucho "sexo oral" -haciendo referencia a que deberían hablar sin tapujos- como antesala al mejor sexo del mundo. Un consejo extraordinario, sin duda.

A diferencia de cualquier escena idealizada y silenciosa de película, la intimidad real mejora con la claridad. Si tienes dudas sobre lo que le gusta al otro entonces pregunta. Frases como "¿Hacemos esto?" o "¿Te gustaría probar esto?" hacen maravillas. Este tipo de apertura fortalece la confianza y la complicidad.

Cuando hablar hace parte de la intimidad, la confianza se dispara. Entonces se logra vivir el momento, enfocados en la experiencia compartida en lugar de nuestras inseguridades internas. Pasar del pensamiento a la sensación consensuada es revolucionario, no solo en la intimidad, sino en toda la vida. Soltar las inseguridades y entregarse al presente abre la puerta a experiencias más intensas y memorables.

Decir. Escuchar. Hacer. Tomar. Dar. Sentir. Es crucial discutir límites y deseos, no se trata de ser agresivo, sino de permitir un liderazgo mutuo y consensuado. A muchos les encanta una pareja que irradie seguridad y pasión. Dejar que esa energía fluya es liberador, es como bailar una coreografía juntos donde cada paso refleja el deseo compartido.

La intimidad exige franqueza. Cuando hay un intercambio auténtico de admiración, cuando se puede hablar y compartir gustos sin reservas, con límites claros y sabiendo lo que ambos desean y hasta dónde pueden llegar, los momentos juntos se vuelven inolvidables. Cultivar la autenticidad en la intimidad de pareja no es un lujo, es una necesidad.

Si no puedes hablar libremente con tu pareja, ¡bandera roja: por ahí no es! La incapacidad de comunicarse en pareja es como navegar sin brújula, perderse es fácil, y reencontrar el rumbo es complicado. No hay peor infelicidad que estar acompañado de quien es tu pareja y, aun así te es totalmente dispareja. Más aun cuando de intimidad se trata.

Redes sociales

En un mundo donde estar pegado al celular es la norma, poner límites saludables ya no es solo cuestión de tratar a la gente en persona, sino que también incluye el caos digital. Las redes sociales te conectan como nunca, pero también son una bomba de ansiedad, estrés y una necesidad absurda por mostrar falsas vidas de perfección sin razón. Es vital identificar las presiones digitales que intentan destrozar esos límites: el miedo a perderte las cosas o quedarte fuera[7], la búsqueda obsesiva de recibir "me gusta" y validación, y lo fácil que es caer en comparaciones tontas. Entender que estas presiones existen, es el primer paso para recuperar el control de tus interacciones en línea.

Para afirmar tu presencia y mantener un equilibrio decente en el espacio digital, hay varias tácticas que realmente funcionan. Empieza por depurar lo que consumes y sé selectivo con las cuentas que sigues. No se trata de amontonar seguidores, sino de interactuar con contenido y personas que sí te aporten algo, no que te saquen de quicio. Silencia o deja de seguir perfiles que te

---

[7] El FOMO, o Fear of Missing Out (miedo a perderse de algo), es una ansiedad social caracterizada por la preocupación de que otros estén experimentando algo mejor o más gratificante, mientras uno está ausente. Este fenómeno se ha visto intensificado por las redes sociales, donde la exposición constante a momentos idealizados o de éxito ajeno puede generar una sensación de insuficiencia o exclusión. Las personas con FOMO tienden a experimentar una urgencia por participar en eventos o actividades, a menudo en detrimento de su bienestar emocional, al sentir que podrían estar "quedándose atrás" o perdiendo oportunidades cruciales.

generan presión o te hacen sentir insuficiente, y prioriza conexiones que estén alineadas con tus valores. Además, ajusta las notificaciones para que no te interrumpan cada cinco minutos y establece expectativas claras sobre la rapidez con la que respondes, protegiendo así tu tranquilidad mental.

Decir "NO" en el mundo digital es tan válido como en el real: rechazar solicitudes de amistad o invitaciones a grupos que no encajan con tus prioridades es esencial. Las configuraciones de privacidad no son una sugerencia, sino una herramienta para definir quién puede ver lo que compartes o contactarte. Programa desintoxicaciones digitales –horas libres de pantalla al día, un día a la semana, o períodos más largos cuando lo necesites– para mejorar tu salud mental. Un proverbio chino afirma que "Hay tres cosas que nunca vuelven atrás: la palabra dicha, la flecha lanzada y la oportunidad perdida". Bien podemos actualizarlo con una cuarta cosa que jamás se devuelve: "lo que subiste a redes". Publicar menos es una estrategia consciente, porque todo, TODO lo que publicas, jamás dejará de existir online, aunque lo borres.

Si te metes en un conflicto en redes, tómate el tiempo necesario para responder en lugar de reaccionar al instante. Usa frases en primera persona para expresar tu punto de vista sin agredir, y reconoce cuándo es mejor retirarte de una discusión que no lleva a nada -Spoiler: nadie ha cambiado el punto de vista de nadie tras una discusión en redes sociales-, No dudes en bloquear o denunciar a quienes constantemente violen tus límites. En el entorno profesional, tener cuentas separadas para lo laboral y lo personal, permite establecer líneas claras de comunicación y son pasos hacia un control equilibrado.

Además, no temas bloquear a nadie. El botón de bloqueo existe por una razón y está esperando a que lo uses. Esto es Internet, es una realidad alternativa, el paraíso de las opiniones estúpidas y no solicitadas. Nadie tiene derecho a robarte tiempo ni exigirte opiniones.

¿Alguien te lanza comentarios que te irritan? Bloquéalo. ¿Alguien publica sobre política y te vuelve loco? Bloquéalo. ¿Un desconocido te agobia con mensajes? Bloquéalo, repórtalo con las herramientas de la misma red y sigue con tu vida.

No necesitas inventar excusas ni ser diplomático. Un simple bloqueo y tu día sigue. No es falta de educación, es cuidarte a ti mismo. Tu paz mental vale más que un *like* y que las sensibilidades de alguien que ni conoces.

La red es solo un escaparate de tu vida. No estás obligado a responder a todos ni a complacer a cada seguidor. Trátalo como tu pseudo-espacio personal y, si alguien no aporta, fuera.

O mejor aún: ¡deja las redes sociales! El asunto es que esa obsesión por compartir la vida en Internet es una trampa, a menos que estés en el negocio de ser uno de esos mal llamados "influencers": Idiotas a quienes siguen otro montón de idiotas, para que supuestamente los "influyan" con idioteces para que dejen de ser idiotas. A menos de que ese sea tu negocio, no tiene sentido ser un exhibicionista digital.

Si es necesario, crea un perfil anónimo para reírte con memes y mantenerte al día, pero tu vida privada no tiene que formar parte de ese circo. La verdad es que a nadie le importa qué comes o a dónde viajas, salvo a las empresas que acumulan tus datos y a tu vanidad desmedida.

El límite definitivo es renunciar al juego del "todos lo hacen". Esa es la trampa que te mantiene atrapado en las redes y hacerte bajo el Spotlight del BuDA sin razón.

Tu privacidad vale más que los "me gusta" o los comentarios. Deja de gastar tiempo en un personaje online y empieza a vivir una vida de verdad.

Considéralo seriamente: Elimina tus cuentas y recupera tu tiempo y energía. El mundo no se va a acabar si dejas de publicar *selfies*, de hecho, redescubrirás lo que es vivir momentos especiales sin tener que estar en función de salir a contarle a un montón de gente que ni conoces: "Estoy aquí haciendo esto, dame tu *like*".

En el trabajo

En el mundo laboral, encontrar un balance entre ser asertivo y no parecer un pesado es clave para avanzar en tu carrera y mantener la cordura. Las oficinas están llenas de trampas: jerarquías, políticas de equipo y reglas no escritas que distorsionan lo que significa ser asertivo. Así que, primero lo primero: fíjate bien quién es el que realmente manda. Observa cómo se comunican los que inspiran respeto y copia lo que funciona. Además, tienes que saber dónde te encuentras en la escala jerárquica, porque no vas a hablar igual con tu jefe que con un colega o un practicante.

Ser asertivo no es lanzarse a la conversación como si estuvieras rompiendo todo a tu paso. Empieza por plantear ideas que construyan sin buscar destruir de primerazo: Un "Creo que este enfoque es más sólido" suena mucho mejor que "Tu idea no sirve" y sin duda es menos débil que "Sin ánimo de demeritar lo expuesto, ¿podría ofrecer una alternativa?" No, eso es *Disculpitis* pura y dura. La gente acepta mejor las ideas si siente que su opinión en verdad importa, así que demuéstrales que los escuchas, pero sin caer en el elogio empalagoso o estar a la defensiva. Evita ser el hablador que no para o el que se disculpa por todo, hacerlo solo conseguirá que tu mensaje pierda fuerza.

Elige bien tus batallas. No todo problema merece una confrontación. Reserva energías para lo que realmente importa o te convertirás en la persona que todos evitan. Cuando tengas que discutir un problema, lleva soluciones, no solo quejas. Así demostrarás que no vienes a agitarlo todo, sino a buscar arreglarlo.

Los momentos difíciles requieren planificación. Apunta los puntos clave y elige bien el momento: manejar los tiempos lo es todo. Si la oficina está en caos o tu interlocutor está al límite, mejor espera. Usa hechos y ejemplos claros. Las corazonadas no convencen, pero las pruebas sí. Y cuando critiques algo, asegúrate de que sea constructivo y sin trampas: empieza y termina con algo positivo, poniendo lo que te disgusta en el medio, y de nuevo, sin lambonería. Es simple, nadie quiere sentirse atacado, así que el balance es clave. Encuentra puntos en común aunque sean mínimos para suavizar cualquier camino.

En las reuniones, buscar ser de los primeros en hablar ayuda a calmar los nervios y a establecer presencia. Una vez dentro, evita palabras vacilantes como "tal vez" y "creo". Defiende tus posturas con firmeza. Está bien que te cuestionen, pero no te rindas solo por mantener la paz si sabes que tienes razón. Hacer preguntas relevantes también refuerza tu imagen de persona que vale la pena escuchar.

En cuanto a negociar, nunca improvises. Reúne datos y ten claro tu valor antes de iniciar conversaciones sobre salarios o promociones. Practica lo que vas a decir para no sonar inseguro. Enfócate en lo que aportas, no en lo que necesitas.

Ser conocido como asertivo implica ser alguien que cumple lo que dice. Reconoce tus errores y enfócate en soluciones cuando las cosas no salgan como se esperaba. Usa esa asertividad para defender también a otros cuando sea necesario, esto genera confianza y muestra liderazgo, pero ten presente esta cruda verdad: por más que la gente diga lo contrario, nadie estará dispuesto a sacrificar su puesto por salvarte a ti o a alguien más. La lealtad laboral es muy subjetiva. Esta es una verdad dolorosa pero que tienes que asimilar cuanto antes.

Al final, ser asertivo en el trabajo no es solo una herramienta para mejorar tu desempeño profesional, es una forma de proteger tu energía y cuidar tus propios límites. La cortesía excesiva o la tendencia a evitar conflictos solo lleva a acumular frustración. Hablar claro y saber qué quieres transmitir no es ser insensible, sino actuar con inteligencia. Te ayuda a elegir tus palabras sin necesidad de caer bien a todos ni de buscar ganarte su simpatía en toda situación. Con el tiempo, esta claridad deja una impresión mucho más duradera y auténtica en quienes te rodean.

Así, el éxito de no ser tan amable en un espacio como el laboral, implica ser asertivo. Las relaciones laborales sanas no surgen de decir siempre que sí, ni de evitar confrontaciones, sino de un respeto mutuo que solo se consigue al comunicar sin miedo. Ser amable cuando es necesario y firme cuando es justo crea un equilibrio poderoso, uno que permite avanzar sin perderse en el proceso.

La técnica del "todavía no lo sé"

¿Alguna vez te has visto acorralado en una reunión con una pregunta que no sabes cómo responder? esto puede ser toda una pesadilla. Estás ahí, tranquilo, y de repente te lanzan una pregunta sorpresa que no tienes idea de cómo abordar. Te quedas en blanco, empiezas a sudar y todos te observan como si hubieras hecho algo grave. La mayoría en estos casos tartamudea y finalmente suelta un "no lo sé" mientras en su interior desean desaparecer.

Pero aquí va el truco: en vez de achicarte, levanta la mirada y di con total convicción: "Todavía no lo sé, PERO lo averiguaré". Esta simple frase lo cambia todo. Es honesta sin mostrar debilidad. Demuestra que puedes admitir que no sabes algo y que tienes la confianza suficiente para comprometerte a encontrar la respuesta. Ese "pero lo averiguaré" marca la diferencia: indica que tu desconocimiento es solo temporal. No eres despistado, estás trabajando en el proceso.

Si alguien insiste en más detalles, un simple "Ya mismo me pongo en eso porque a mí también me interesa" deja claro que no estás tratando de escabullirte, sino que realmente te comprometes. Así, mantienes el control de la situación y proyectas profesionalismo.

Eso sí, no te quedes solo en la frase: ¡a darle¡ A cumplir con esa promesa de encontrar la respuesta pedida.

Así que, cuando surjan esos momentos inesperados, recuerda que no se trata de tener todas las respuestas al instante, sino de demostrar cómo las encuentras. La próxima vez que te lancen una pregunta complicada, mírala como una oportunidad para mostrar tu determinación y tu enfoque hacia la solución. Con un "Todavía no lo sé, pero lo averiguaré", pasas de ser alguien que reacciona con pánico a alguien que responde con propósito. Esa pequeña frase te da el espacio que necesitas para acercarte a la mejor respuesta.

Lo importante aquí es mantener la calma y ser transparente, no subestimes el poder de un compromiso genuino. En el fondo, esta técnica te permite moverte con agilidad y adaptarte sin miedo a lo inesperado. Uno no tiene que sabérselas todas, pero si tener alguna idea de por dónde empezar a buscar.

Esta herramienta te compra tiempo, úsala bien.

Alcohol y drogas: El falso lubricante social

Uno de los hábitos más normalizados y jodidos del mundo es el de usar alcohol o drogas como atajos para socializar. Puede parecer una jugada sin consecuencias, pero es una trampa con ramificaciones brutales a largo plazo. Reconocer este patrón y romperlo es esencial en el ascenso hacia la autenticidad.

Puede que el alcohol y las drogas te hagan creer que eres más seguro o sociable, pero esto no pasa de ser una ilusión química. Parece que estás más relajado porque tus inhibiciones se reducen, pero eso no significa que hayas ganado ni un ápice de confianza real o habilidades sociales. Cuando los efectos químicos en tu cuerpo se desvanecen, regresas a la incomodidad original, generalmente multiplicada y acompañada de remordimientos por lo que soltaste o hiciste bajo la influencia. Meter la pata, decir algo inapropiado, malinterpretar situaciones o tomar decisiones tontas, tiene un precio: tu reputación y tus relaciones.

Antes de lanzarte por esa copa para "sentirte como pez en el agua", vale la pena preguntarte qué impulsa esa necesidad de alterar tu estado de consciencia. ¿Qué máscara estás queriendo usar? ¿Estás queriéndole echar tierra a alguna inseguridad o incomodidad? Las sustancias no resuelven estos problemas, solo los esconden y desvanecen los límites temporalmente, distorsionando tu juicio. Podrías terminar diciendo "SÍ" a cosas que de otro modo no aceptarías, o comportándote de maneras que no reflejan tus principios, lo que inevitablemente lleva al arrepentimiento y a minar tu autoestima.

Muchas personas exitosas y respetadas han aprendido a socializar sin recurrir a ningún lubricante social. Han construido una seguridad que viene de adentro, no de un botella, ni de una pastilla. La verdadera confianza significa conocerte y estar bien contigo mismo en cualquier situación.

Muchas noches de juerga suelen llenarse de promesas vacías y compromisos que solo existen mientras el efecto de las sustancias perdura. Es común escuchar declaraciones grandilocuentes: prometer cambiar, alcanzar metas imposibles o declarar amores efímeros. Estas palabras, dichas con una confianza falsa, se desvanecen al amanecer, dejando tras de sí una estela de decepción y escepticismo. Quienes confían ciegamente en estas promesas terminan aprendiendo la lección de que las palabras bajo la influencia carecen de fondo, solo hicieron parte del éxtasis pasajero.

Además, la facilidad con la que algunos caen en la trampa de creer en estas falsedades revela una vulnerabilidad colectiva. La sociedad a menudo celebra la espontaneidad y la despreocupación en la fiesta, sin reconocer el daño que estas conductas pueden causar a largo plazo. Los que eligen creer en las promesas de una noche embriagada están negociando su propio bienestar emocional, permitiendo que la ilusión momentánea opaque la realidad de sus necesidades y deseos genuinos.

Para poner en práctica lo expuesto, te propongo un ejercicio bastante revelador. Atrévete a intentar lo siguiente en tu próxima reunión social: comprométete a asistir a la totalidad del evento pero sin tomar ni un solo trago, ni consumir nada que pueda alterar tu conciencia, ¡sobriedad total! Observa atentamente cómo interactúan las personas a tu alrededor. Notarás como muchos comienzan a "desdoblarse" y adoptar máscaras que no reflejan su verdadero yo, comportándose de maneras que en realidad pueden parecer más superficiales o incluso ridículas. Verás cómo emergen comportamientos extremos y te preguntarás si esas son realmente las versiones de ti mismo que manifiestas en situaciones similares.

Al final del encuentro, comprenderás que esas apariencias, para muchos divertidas, son meras ilusiones creadas por el alcohol, y que la autenticidad y la confianza genuina provienen de tu interior, no de una sustancia externa. Este ejercicio te ayudará a reconocer la verdadera esencia de quienes te rodean y a fortalecer tu propia seguridad sin depender de supuestos atajos químicos. Falsos atajos que, con el tiempo, pueden salir bastante caros.

No eres ningún amargado por no querer entrar al baile de disfraces vestido de conciencia alterada.

Chupasangres emocionales

¿Alguna vez has sentido que tu batería interior se agota a la velocidad de una vela en un huracán sin haber hecho nada fuera de lo normal? No somos máquinas, y claro que hay días en que hasta levantar un lápiz nos deja rendidos. Pero ojo, a veces no es el día malo, sino la gente la que succiona nuestra energía. Estoy hablando de los chupasangres emocionales y drama queens, seres que fingen ser humanos pero viven de succionar la vitalidad de los demás: unos auténticos vampiros energéticos.

Estos personajes son a los que menos amabilidad y dedicación deberías proporcionar. Para lidiar con estos personajes primero hay que identificarlos. ¿Terminaste emocionalmente drenado tras una conversación? Podrías haber sido mordido por un vampiro de energía sin darte cuenta. Los vampiros emocionales se esconden al lado tuyo y se visten de comentarios inofensivos y amistades sosas. Estos vampiros buscan estar contigo tanto tiempo como sea posible, forzando charlas en cada oportunidad y siempre aparentando estar tristes o llevados del diablo. Lo hacen porque necesitan tu energía para sobrevivir. A veces no lo hacen a propósito, pero igual te dejan hecho trizas.

Además, estos vampiros energéticos generan tensiones y problemas en cualquier ámbito: trabajo, familia, amistades... Repiten su actuar porque les funciona, creando un ciclo que los alienta a ellos a costa tuya. Pueden causar explosiones en equipos o grupos cuando alguna víctima decide decir "BASTA", y quienes han sufrido con ellos podrían empezar a comportarse igual con los demás, esparciendo el cansancio y la negatividad por todos lados.

Uno de los más comunes de estos chupasangres es el vampiro "dominante". Le encanta mostrarse superior y te agota mentalmente aprovechando tus vulnerabilidades. Otro tipo complicado es el vampiro "melodramático" o drama queen. Para estos locos, todo es una tragedia y están seguros de que todo va a irse a la mierda siempre. Similar es el vampiro "victimista", que cree sin ninguna duda que todos siempre están en su contra. También está el vampiro "juez no solicitado", que busca sacarte inseguridades juzgando todo lo que hagas sin que se lo pidas. El vampiro "egocéntrico" es fácil de identificar porque no para de presumir o recordarle a todos que es el mejor en todo y por todo; y por último, el vampiro "inocente" que, aunque nunca quiere dañar, es justamente su idiotez e ingenuidad la que conlleva a que termine haciéndolo de todas formas.

Ya identificados, es hora de enfrentarlos. Un truco eficaz es gestionar bien tu tiempo. No es que no quieras atenderles, es que simplemente no tienes tiempo para eso, recuerda aquello de estar disponible a discreción, esta es tu primer estrategia práctica.

Otra táctica útil es la retirada estratégica. Evita el contacto visual o redúcelo al máximo. Puede parecer insignificante, pero muchos vampiros parecen necesitar ver en tus ojos el cansancio o el dolor emocional para seguir alimentándose.

En presencia de alguno de estos chupasangres opta por responder a todo con un "Ajá…". Escucha pacientemente sin dar casi ninguna respuesta y suéltales ese ajá sin nada más. Para los vampiros esa pasividad no cumple con sus estándares de retroalimentación.

Pero, ¿qué sucede cuando el "ajá" ya no funciona? Es cuando tienes que ser claro y contundente. No hay espacio para rodeos ni excusas. Simplemente di: "Ahora no tengo tiempo para esto". Estas palabras, breves pero poderosas, dejan claro tus límites sin abrir puertas a negociaciones ni interpretaciones.

No necesitas justificarte ni sentirte culpable por priorizar tu energía. Hay gente que vive de robarse la energía de los demás y hay otros que por no dejar de ser amables, se prestan al juego. Al expresar tu indisponibilidad de manera directa, estás tomando el control de tu espacio emocional. Así, dejas en claro que tu tiempo es valioso y que no permitirás que te sigan drenando. A veces, la única manera de cortar el ciclo es ser firme y no ceder ante la manipulación.

"Burling": El Bullying en la edad adulta

El bullying se ha instalado de lleno entre los jóvenes, llevando a muchas de sus víctimas al límite de su resistencia mental. Los matones que lo practican siempre apuntan a los más frágiles, convirtiendo el sufrimiento ajeno en su propio combustible. Profesores en escuelas y familias con hijos se quejan de lo complicado que es manejar estas broncas, especialmente cuando las víctimas prefieren quedarse calladas en lugar de pedir ayuda. Y no creas que el acoso es solo cosa de niños: en el mundo adulto, aunque menos visible, la misma cosa se repite, pero bajo un nuevo nombre…

El *Burling* –una mezcla de "burla" con un toque anglosajón– es la versión adulta de esta dinámica tóxica. Está presente tanto en el trabajo como en otros círculos sociales, afectando a quienes se atreven a ser diferentes o simplemente a los más vulnerables. Las víctimas reciben menosprecio, exclusión, agresiones verbales y, en casos extremos, hasta intimidación física. La gran diferencia en los adultos es que estas conductas se minimizan o justifican con el argumento de que "solo son tonterías", "estoy bromeando", o "no es para tanto". Peor aún, si el acoso viene de alguien con poder, se espera que la víctima lo aguante en silencio por miedo a represalias y por mantener un inmerecido respeto jerárquico.

Fuera del ámbito laboral, el *Burling* se extiende a todo tipo de contextos. En el deporte, los adultos pueden repetir estas dinámicas, atacando a un compañero por errores o falta de habilidad. En la familia, aunque menos frecuente, ese acoso disfrazado de broma también aparece y es devastador tanto para la víctima como para los que lo presencian.

Enfrentar el *Burling* requiere una determinación clara. La mayoría de las organizaciones tienen programas de convivencia general, pero carecen de protocolos específicos contra el acoso entre adultos. Por eso, la primera herramienta contra el *Burling* es la iniciativa propia. Compartir la experiencia con personas de confianza y ajenas al entorno inmediato puede ayudar a obtener una visión más objetiva.

Evitar el contacto con los agresores es una primera opción, pero no siempre es posible, especialmente en el trabajo. Otra estrategia es neutralizar la hostilidad con una actitud firme y, si puedes, usar el humor para demostrar que las acciones del acosador no tienen el efecto deseado, voltear la torta y burlarte tú también de quien se burla de ti. Sin embargo, mantener esta postura es más compleja, requiere autocontrol y no siempre es suficiente, a veces se convierte en una guerra por ver quien termina siendo más mordaz. Además no todos cuentan con la velocidad de un comediante para responder a una burla con otra de mayor nivel. Para casos como estos es que he incluido un anexo en este libro al que titulo "Un Curso de Sarcasmos" -Sí, copié la idea del famoso "Curso de Milagros"-, en dicho anexo, verás como hacerte a algunas respuestas cortas, mordaces, y efectivas para contratacar en dichos casos. La idea es leer y releer esas respuestas y dejar que algunas de ellas se establezcan en tu mente para que se disparen automáticamente cuando tu sentido común así lo considere. Cuando de *Burling* se trata, si te están jodiendo, pues tú también jódelos a ellos.

Sin embargo, cuando el acoso se vuelve intolerable, la única salida puede ser elevar la queja a instancias superiores, ya sea dentro de la empresa o a través de organismos legales. Para estos casos, es vital recopilar pruebas: correos, mensajes, grabaciones o testimonios de terceros pueden marcar la diferencia. No será un camino fácil, pero es un paso necesario para que el acoso no quede impune. Esta lucha no es solo por ti sino por todos quienes puedan sufrir lo mismo.

El peor vecino del mundo

Vivir al lado de vecinos insoportables es como estar atrapado en una telenovela interminable donde cada episodio trae un nuevo motivo para querer arrancarte el pelo. Ya sea el que convierte su casa en una discoteca hasta altas horas de la madrugada, el que ignora por completo los límites básicos de convivencia, o el que le dijo a su mascota que tu jardín era otro espacio habilitado para hacer sus necesidades, estos vecinos pueden convertir los alrededores de tu hogar en una fuente constante de estrés. ¿Qué hacer?

Primero, démosle el beneficio de la duda: es muy probable que ese vecino problemático no haya venido al mundo para fastidiarte, sino que es bruto y simplemente actúa desde su propia perspectiva limitada. Ese que siempre se viene estacionando frente a tu entrada podría estar apresurado circunstancialmente por llegar a cuidar a un familiar enfermo. La familia con el ruidoso perro que no para de ladrar podría estar lidiando con situaciones que nunca has imaginado. Esto no justifica que se lleven por delante tu derecho a la tranquilidad, pero te da un contexto para responder de una manera más inteligente y buscar entender mejor la situación. Todos hacemos ruido de vez en tanto, así que hay que mirar las cosas en sus justas proporciones.

Cuando ya se ha consumido el beneficio de la duda y tenemos la certeza de que es una práctica frecuente, hay que apelar a los llamados códigos de convivencia de tu comunidad. Estos documentos suelen tener reglas claras sobre los niveles de ruido permitidos y los horarios en los que se deben respetar. Si la música sigue, escala tu queja a porteros, a administración y eventualmente a la policía. Mucha gente tiene miedo de esto porque les parece exagerado, ahí es cuando debes medir si ha llegado el momento de hacerlo. No estás buscando iniciar una guerra, sino simplemente hacer que se respeten las normas establecidas para el bienestar de todos.

La mejor forma de tratar un problema con un vecino es indirectamente, ese cuento de ir amablemente a pedir que baje el volumen, no sirve -peor aún, tu vecino puede estar intoxicado en alcohol y con ello, su cerebro racional puede estar desconectado-. Es por eso que tienes que escalar en autoridad, pero indirectamente. Sí, puede ser tentador enfrentarte cara a cara, mostrarle quién es el que manda y ver quién cede primero. Pero déjame decirte algo: esta mentalidad de "quién es más poderoso" es una pérdida de tiempo y dinero. Llegar hasta a involucrar a abogados para pleitos de "tú a tú" con un vecino en estos asuntos es como tirar dinero a un pozo sin fondo. Los honorarios legales pueden volverte más loco que el propio problema, y la tensión solo aumentará, convirtiendo una disputa -la mayoría de veces manejable- en una guerra interminable donde todos pierden.

La vida moderna pide soluciones modernas. Documentar para la autoridad sigue siendo crucial, pero hazlo con claridad en vez de emoción. "El ruido de la Unidad B duró de las 11 PM a las 2 AM" te sirve más que apelar a calificativos como "Fueron increíblemente desconsiderados otra vez". Este registro objetivo te ayuda a mantener la perspectiva y proporciona pruebas útiles si necesitas una intervención de autoridades a quienes escalar el problema.

Frente a otro tipo de asuntos, las herramientas a nuestra disposición han evolucionado más allá de simples cercas y cortinas. La seguridad inteligente para el hogar, cámaras de video y la tecnología de cancelación de ruido ofrecen nuevas formas de manejar los desafíos con los vecinos. A nadie le gusta que le toquen el bolsillo, y tener pruebas contundentes junto con las multas del código de convivencia pueden ser suficientes. Así que, graba al bendito perro del vecino cuando anda haciendo de las suyas en tu jardín, y haz que le manden la multa respectiva al dueño del mismo.

Finalmente siempre está el tiempo. El tiempo demuestra ser el solucionador definitivo de muchas disputas, incluyendo las vecinales. Los mercados inmobiliarios cambian, las personas se mudan, las circunstancias evolucionan. Tu situación desafiante actual es temporal, pero las habilidades que desarrolles al manejarla te servirán de por vida. Enfócate en construir estas capacidades en lugar de ganar cada batalla menor.

La próxima vez que las acciones de tu vecino amenacen con perturbar tu paz, detente. Recuerda que, aunque no puedes controlar su comportamiento, mantienes la soberanía completa sobre tu respuesta. A veces, contra el ruido del vecino, solo bastan unos pequeños tapones auditivos en vez de montarte en un reto vecinal de DJs a ver quién pone música a mayor volumen. ¿En verdad hay una violación a la ley? Sí es así entonces que sea aplicada. A fin de cuentas, tu paz mental vale mucho más que cualquier disputa de poder con quien vive a un par de puertas de distancia.

Como lidiar con hipócritas

La hipocresía es una máscara que se esconde con facilidad. Puedes tener al maestro de las dobles caras a tu lado, sonriéndote de oreja a oreja mientras te apuñala cuando no miras, y ni cuenta te das hasta que ya es tarde. Estos personajes manejan el doble juego como pan comido: te adulan o fingen cordialidad cuando están contigo y, en otro momento, te destrozan a tus espaldas.

¿Significa esto que tienes que andar paranoico, midiendo cada palabra y cada gesto de los demás? No. No vas a andar desconfiando de todo el mundo porque, al final, la hipocresía entra y sale de tu vida y la mayoría de las veces ni te das cuenta. Cuando la descubres, lo mejor es tomarla como una lección, un recordatorio de que la vida es un aprendizaje constante y que, "Caras vemos. ¿Corazones? no sabemos…"

Las interacciones humanas suelen ser como un casino: impredecibles y cambiantes. La sonrisa más brillante puede esconder una mueca de pura maldad. Y si lo pillas a tiempo, podrás anticiparte y responder de manera acorde: no dando papaya. Claro, todos podemos caer una o dos veces, y está bien dejarlo pasar para mantener la tranquilidad. Pero si te resignas a aceptar la hipocresía de otros como algo constante y normal en tu vida, te convertirás en tu principal hipócrita. Y si hay algo que esta filosofía de NO SER TAN AMABLE pueda dejar claro, es que no todas las puñaladas se deben perdonar.

No se trata de ceder al impulso de la venganza ni de llenarte de resentimientos. A veces ignorar las malas conductas solo las multiplica y lo peor, daña a otros también. Está en tus manos detener la espiral antes de que la gente piense que puede pisotearte y salir indemne. Si dejas pasar esos desplantes una y otra vez, estás alimentando una bomba que solo seguirá explotándote en la cara. Y entonces, ¿quién será el cómplice de tu propio desastre?

¿Qué hacer cuando decides parar en seco ante la hipocresía de alguien? A veces suavizamos los golpes para no herir sensibilidades, pero eso solo pospone lo inevitable. Hay que ser claro, con calma pero sin titubeos, y dejar claro que esa doble moral no se tolera.

Cuando te topas con un hipócrita en la vida, es fácil querer explotar de frustración y desesperación. Te preguntas cómo alguien puede ser tan ciego a sus propias contradicciones y cómo puedes hacerle ver la luz sin perder la cabeza en el intento. Pues bien, aquí te traigo una técnica poco convencional pero efectiva para lidiar con estos maestros del doble discurso: **el espejo amplificado**:

Imagina que tienes un colega que no para de criticar a los demás por llegar tarde, pero él mismo parece tener una relación tóxica con el reloj: Es un personaje que llega tarde al menos dos veces por semana, pero eso no le impide seguir dando sermones sobre la importancia de la puntualidad. En lugar de enfrentarlo directamente y arriesgarte a una discusión inútil, prueba esto: la próxima vez que llegue tarde, hazlo tú también, pero llega unos minutos después de él. Y no lo hagas solo una vez, hazlo varias veces, con una consistencia que no pueda ignorar.

Pero no te detengas ahí. Cuando tengas la oportunidad, lánzale preguntas aparentemente inocentes que destaquen la contradicción entre sus palabras y sus acciones. Podrías decir algo como: "Oye, ¿todavía crees que la puntualidad es tan importante como solías decir?" Y si realmente quieres cerrar el trato, menciona casualmente situaciones pasadas que contrasten con su comportamiento actual. Algo como: "Recuerdo cuando te molestabas tanto por los retrasos de los demás. Es interesante ver cómo las perspectivas cambian con el tiempo, ¿no?"

Con esta técnica, básicamente estás reflejando y amplificando el comportamiento hipócrita de la persona, llevándolo al extremo de forma evidente con su propio ejemplo. El objetivo es hacer que el hipócrita se enfrente a sus propias contradicciones de una manera que no pueda simplemente ignorar o descartar.

Claro, esta técnica requiere paciencia y sutileza. No se trata de burlarse abiertamente del hipócrita o de hacer escenas dramáticas. Se trata de ser constante, estratégico y un poco teatral en tu enfoque. Y quién sabe, tal vez al verse reflejado de esta manera, el hipócrita comience a cuestionarse a sí mismo y a hacer algunos cambios reales.

Pero seamos realistas, no todos los hipócritas van a tener una epifanía y transformarse de la noche a la mañana. Algunos están tan enganchados en su propia narrativa que ni siquiera el espejo más nítido los hará cambiar. En esos casos, puede que tengas que aceptar que algunas personas simplemente no están dispuestas o no son capaces de enfrentar sus propias contradicciones. Y ahí es cuando tienes que decidir cuánta energía estás dispuesto a invertir en alguien que no quiere cambiar.

Otra estrategia efectiva para enfrentar a los hipócritas es señalar su hipocresía de manera directa, pero con tacto. Esto implica "pintar su actuar de rojo" mediante hechos concretos, reconociendo que todos sufrimos de disonancia cognitiva[8] en cierta medida y que la "ley del embudo" -lo malo para otros, lo bueno para

---

[8] La disonancia cognitiva es un estado de tensión psicológica que ocurre cuando una persona mantiene simultáneamente dos o más creencias, ideas o valores contradictorios, o cuando se enfrenta a nueva información que contradice sus creencias, ideas o valores existentes. Este fenómeno puede generar incomodidad mental, llevando a la persona a buscar formas de reducir esta tensión, a menudo mediante la justificación de sus propias acciones o la negación de nueva información.

El sesgo de confirmación está estrechamente relacionado con la disonancia cognitiva y se refiere a la tendencia de las personas a buscar, interpretar, favorecer y recordar información de una manera que confirme o respalde sus creencias o hipótesis previas. Este sesgo lleva a las personas a justificar su propio comportamiento mientras juzgan más severamente las acciones de los demás. Como resultado, la gente tiende a creer que su propio actuar siempre tiene una justificación válida, mientras que las acciones de otros carecen de ella. Esta disparidad en la percepción es un ejemplo clásico de cómo los sesgos cognitivos pueden influir en nuestro juicio y comportamiento, contribuyendo a la hipocresía y a la falta de autocrítica.

uno- es una tendencia humana común. Sin embargo, señalar la hipocresía conlleva una paradoja: suele ser más efectivo cuando se hace en privado que en público. En conversaciones privadas, incluso puede ser útil advertir que si dicha hipocresía persiste, podría exponerse públicamente en el futuro. Esta táctica a menudo motiva al hipócrita a reconsiderar sus acciones o a cambiar su comportamiento. Al abordar la hipocresía de esta manera, no solo enfrentamos el problema directamente, sino que también ofrecemos una oportunidad de crecimiento y reflexión, tanto para el hipócrita como para nosotros mismos.

Dar el chance una vez, no dos.

El Bazar de los "Conchudos"

En Colombia se les llama coloquialmente "conchudos", en otros lugares se les conoce como descarados, oportunistas, egoístas, caraduras, parásitos, abusivos, ventajistas o vividores. Son aquellos que, sin dudar, buscan sacar la mayor ventaja de la generosidad y buena disposición ajena. Son el tipo de personas a las que les das un dedo, y no solo se toman el brazo, sino que se instalan cómodamente, exigiendo aún más.

¿Suena familiar? Claro que sí. Es ese "amigo" que siempre necesita que lo lleves a todos lados pero misteriosamente nunca aporta dinero para la gasolina. O ese compañero del trabajo que te tira sus pendientes como si fuera tu jefe. O peor aún, el familiar que se aparece en tu casa sin avisar, como si fueras un hotel todo-incluido.

Los conchudos son expertos en vivir como reyes a costa de los demás, y lo peor es que ni siquiera les da vergüenza. Al contrario, andan por ahí pavoneándose de su "astucia", como si ser un aprovechado fuera un título universitario. Lo más irritante es que estos especímenes son unos genios del camuflaje social. Son carismáticos, te hacen sentir importante, y antes de que te des cuenta, ya te están exprimiendo como naranja en jugo.

Para identificar a estos "conchudos" date cuenta que siempre están disponibles para recibir pero rara vez para dar, tienen un PhD en convertir SUS problemas en TUS problemas, y evitan cualquier situación que implique esfuerzo o compromiso de su parte. Su frase favorita podría ser "¿Me puedes hacer un favor?" -y créeme, lo que van a pedirte nunca será pequeño-, del mismo modo, nunca escucharás de ellos un "¿En qué te puedo ayudar?"

No vamos a volver sobre aquello de establecer límites que ya quedó claro, a veces lidiar con estas personas requiere otros acercamientos más creativos. Una de las ventajas de los conchudos es que ellos mismos suelen jactarse de serlo y hasta esconderlo con frases inocentes como "¡Ah, pero es que si no arriesgo, no gano" -aduciendo a que no pierden nada con pedirte el cielo y aprovechar un chance de que seas demasiado amable como para ceder, aunque como veremos en el siguiente capítulo, de esto también podemos aprender-, y digo que es una ventaja, porque a estas personas se les puede tratar mejor con humor y sarcasmo que con sinceridad y disgusto. Por ejemplo, cuando te pidan la luna y las estrellas, puedes contestar "¿Y qué más quieres con eso? ¿un cafecito con galletas? ¿algo más?"

Si estás cansado de estos descarados, oportunistas y ventajistas que constantemente buscan sacar provecho de tu generosidad, aquí te presento algunas estrategias poco convencionales para lidiar con ellos:

1. El Contrato Sorpresa

La próxima vez que te pidan un favor extremo, saca un "contrato" preparado con antelación -o comienza a redactarlo en el momento, con una servilleta y un bolígrafo, con un gran título de CONTRATO-. Incluye cláusulas absurdas como "En contraprestación, el beneficiario deberá cantar el himno nacional desnudo en público", lo ridículo de la situación lo hará notar que está pidiendo algo más allá de lo posible. En los anexos te dejo un contrato perfecto para estos fines.

2. El Favor Imposible

Cuando te pidan algo, responde con un entusiasmo exagerado y ofrece hacer mucho más de lo que te solicitan. "¡Claro! ¿Y qué más te gustaría? ¿Quieres que te preste dinero? ¡Claro! Venderé mi casa, mudaré a mi familia a una tienda de campaña y te daré todos mis ahorros. ¿Cuándo empezamos?". Hazlo en un tono cómico, no sarcástico: te estás burlando de la petición, no hagas que parezca como si te hubiera ofendido. Esta falsa y burlona disposición excesiva los hará retroceder rápidamente.

3. La Técnica del Interrogatorio Incómodo

Bombardea al aprovechado con preguntas incómodas y detalladas cada vez que te pida algo: "¿Por qué necesitas esto? ¿Por qué yo? ¿No tienes más amigos? ¿Esto lo haces con frecuencia? ¿A alguien más le debes favores similares? ¿Ya terminaste de saldarles tu deuda?" No dejes de presionar hasta que se retracten incómodamente de su petición egoísta.

Como mencioné en el primer punto, en los anexos encontrarás un complicadísimo contrato mefistofélico que es casi imposible de leer y menos de cumplir, -por su letra chica y las exigencias que adquiere contigo quien lo firma- es más fácil venderle el alma al diablo que aceptar las condiciones del mismo. Considera sacarle una copia y cargarlo contigo para cuando alguno de estos "conchudos" te pida algo. Cuando lo hagan, pregunta, qué tanto darían a cambio por obtener tu bendición, diles que tienes un "contratico" que te gustaría que firmaran y que no se preocupen por la letra pequeña pues es solo una formalidad. Es un toque de humor negro que dejará clara tu posición. Y si se atreven a firmarlo, guárdatelo y responde que ahora solo queda que "se validen los datos del firmante", como si se tratase de alguna vuelta burocrática por cumplir y déjalo ahí.

Si después de tu chanza insisten -porque seguro lo harán- y te dicen "Bueno, ya en serio: ¿si vas a contarme/ayudarme/prestarme… tal cosa?". Tu respuesta será simplemente "NO" con un exagerado movimiento de cabeza de un lado a otro. La respuesta bromista anterior ya ha lubricado la situación y el mensaje ha quedado claro.

Hay personas que tras todo tu esfuerzo por conseguir algo, esperan que les compartas tu experiencia, fórmulas y aprendizajes de meses y años, en una conversación de diez minutos. No estoy hablando de aquellos que quieren entretenerse con tus odiseas, sino los que en serio quieren obtener lo mismo que tú a cambio de invitarte a un miserable café. Para ellos, tú ya pasaste por las lágrimas y sangre y se sienten merecedoras de todo tu know-how. No te sientas culpable por responder negativamente a su solicitud. Recuerda que la fórmula del éxito consiste de solo dos cosas: La primera, "Nunca cuentes todo lo que sabes". ¿Y la segunda? Vuelve a leer la primera...

Pedir sin pena

Tras haber desenmascarado a los conchudos hay algo que les podemos aprender: estos personajes, tan irritantes como son, tienen algo que enseñarnos. No, no se trata de volvernos unos aprovechados sin escrúpulos, sino de adoptar una actitud que muchos de nosotros, en nuestro afán por ser "buenas personas", hemos olvidado: pedir sin pena.

Piénsalo bien, ¿cuántas veces has dejado pasar oportunidades por no atreverte a pedir algo? Quizás era ese aumento que merecías o esa cita con alguien que te gustaba. Los conchudos, en su desfachatez, han perfeccionado algo que a muchos nos cuesta: expresar claramente lo que quieren sin sentirse culpables por ello.

La vergüenza al pedir es como un parásito mental que se alimenta de tu potencial. Te susurra al oído que no algo no es para ti, que estás molestando, que deberías conformarte. La guerra la da por perdida antes de comenzar. ¿Cómo hacer para mandar esa vergüenza limitante a volar? Hay varias técnicas:

Cuando se trate de algo importante o que vienes pensando y dándole vueltas, considera el ensayo mental. Visualízate pidiendo lo que quieres con confianza. Imagina diferentes escenarios y respuestas, preparándote mentalmente para cualquier resultado. Es como hacer flexiones mentales antes de entrar al ring. Pero lleva contigo siempre la opción de que estos diálogos, por más que los prácticas JAMÁS saldrán exactamente como los planeaste. En este sentido, te comparto una lección de mis años como conferenciante: no te enfoques en memorizar las palabras que quisieras decir sino que, más bien, trabaja en una estructura de diálogo sobre la que podrías moverte dependiendo de las respuestas que alcances a imaginar.

Segundo, la regla de los 5 segundos. Esta es para esos momentos de "ahí viene el tren: ¿vas a subir o a dejarlo pasar?" Cuando sientas el impulso de pedir algo, cuenta hasta 5 y hazlo. No le des tiempo a que tu cerebro te sabotee con dudas. Recuerda que ningún diálogo va a salir a fin de cuentas como esperabas. Esto es como arrancarte una curita de un tirón sobre la herida, rápido y sin pensarlo demasiado. Si las cosas no te salen como esperabas, ¡pues al menos lo intentaste! Ya quedó atrás, siguiente.

Como tercera técnica para puntos intermedios está el "NO" hipotético. Pregúntate: "¿Qué es lo peor que puede pasar si me dicen que no?" Generalmente, la respuesta es menos catastrófica de lo que imaginas. A menos que estés pidiéndole matrimonio a alguien en público y te diga que no, en cuyo caso, buena suerte con eso.

Y por último, el enfoque en el valor. Al pedir algo, concéntrate en el valor que aportas o en cómo tu petición podría beneficiar a la otra persona. Así no sentirás que estás mendigando, sino ofreciendo algo de valor. En este sentido, ¿has notado cómo algunas personas comienzan sus peticiones con un "necesito tal cosa"? Para ellos es como si el mundo estuviera esperando con ansias para satisfacer sus necesidades. Pues déjame decirte algo: a la gente le vale madres lo que tú y yo necesitemos. Sí, así de crudo. ¿Que necesitas un favor? Pues qué pena, pero eso no es problema de los demás. Aquí es donde tienes que ofrecer valor. Luego, ¿cómo pedir sin sonar como un egocéntrico demandante? Prueba con algo un poco más sutil. En vez de soltar un "necesito", intenta con un "ando buscando" o un "he estado interesado en…". Y si quieres ir un paso más allá, trata de encontrar un punto en común antes de lanzar tu petición. Algo como "Sé que tú también has estado buscando algo similar" o "Recuerdo que mencionaste algo sobre esto antes". Así no estarás pidiendo de la nada, sino construyendo sobre una base de entendimiento mutuo. La clave está en pedir con tacto, no con exigencia.

Claro, no se trata de convertirte en un descarado que pide sin consideración. La clave está en encontrar esa asertividad que permite expresar deseos de manera clara y directa, pero sin pasarte de raya. Y aquí es donde viene la parte que nos diferencia de los conchudos: entender y respetar que la otra persona tiene TODO SU DERECHO a decirnos que NO. Esta comprensión es liberadora. Te permite pedir sin la presión de obtener siempre un sí, y te prepara para manejar el rechazo con madurez. Porque a veces, aunque pidas con toda la confianza del mundo, la respuesta será no. Y eso está perfectamente bien.

Así que la próxima vez que sientas ese nudo en el estómago antes de pedir algo, piensa en los conchudos. No para imitar su falta de consideración, sino para recordar que pedir es un derecho, no un privilegio. Y quién sabe, podrías sorprenderte de cuántas puertas se abren cuando te atreves a tocar.

Nada es tan importante como parece

La amabilidad forzada es como una máscara ridícula que te pones cada mañana, que te aprieta y te hace sentir atrapado, está hecha con hilos de expectativas de otros y teñida con el color del "qué dirán". Te despiertas pensando en cómo debes actuar, qué sonrisas falsificar, qué palabras rebuscadas lanzar, todo medido con la precisión de un cirujano obsesivo.

¿Cuántas veces has asentido de manera cortés en una reunión mientras por dentro querías mandarla al diablo? ¿Cuántas veces has enviado mensajes llenos de emojis sonrientes a gente que ni te importa? La realidad es que vivimos en un teatro sin fin, donde cada uno interpreta el papel del "persona agradable", como si nuestra existencia dependiera de eso.

Pero aquí viene la verdad incómoda: a nadie le importa tanto como tú crees. Cada quien está tan metido en su propia burbuja de preocupaciones, deseos y dramas personales que apenas tiene tiempo para notar tus gestos o analizar tus palabras. Mientras tú te desvives por parecer amable, ellos están pensando en su próxima reunión, en la pelea que tuvieron esta mañana o en qué comerán esta noche.

Es como si estuviéramos en una ciudad llena de burbujas flotantes, cada una con una persona absorta en su propio mundo. Nos cruzamos, chocamos unos con otros, pero rara vez penetramos realmente la burbuja del otro. Y, sin embargo, ¡cuánta energía gastamos intentando manipular cómo nos perciben quienes apenas nos prestan atención!

La amabilidad genuina es un regalo valioso, una expresión sincera de conexión humana. Pero la amabilidad forzada es una cárcel que te pones a ti mismo, un desperdicio innecesario de tu energía vital. Es como intentar controlar el clima: puedes preocuparte todo lo que quieras por si llueve mañana, pero tus preocupaciones no van a cambiar ni una gota.

Liberarte de esta necesidad compulsiva de agradar no significa que te vuelvas grosero o insensible. Significa, más bien, encontrar un equilibrio entre el respeto básico que todos merecemos y la autenticidad que te debes a ti mismo. Significa entender que no puedes controlar lo que otros piensan de ti, y que intentarlo es tan inútil como tratar de atrapar el viento con las manos.

La próxima vez que te encuentres forzando una sonrisa o escribiendo un mensaje excesivamente cordial, pregúntate: ¿Es esto realmente necesario? ¿Estoy siendo amable por una verdadera consideración hacia el otro, o estoy actuando por miedo a ser juzgado? La respuesta podría sorprenderte y, lo más importante, podría liberarte.

Nada es tan importante como creemos. Ni las opiniones de los demás, ni las apariencias sociales, ni los juicios que tememos. La verdadera libertad comienza cuando entendemos que la mayor parte de las cosas que nos preocupan son como nubes pasajeras en un cielo infinito: aparentemente sólidas, pero fundamentalmente vacías.

No tragar entero

Vivimos en la época de la ignorancia consentida, es la era del "tragar entero", y sin un poco de pensamiento crítico, quedamos a merced de un mundo lleno de falsedades y tonterías. No te equivoques, aquí no se trata solo de cuestionar porque suena bien, el pensamiento crítico es esa habilidad, casi olvidada, que nos ayudará a dejar de creer en quimeras y falsas promesas.

A veces el apelar al pensamiento crítico suele verse como falta de amabilidad, es por eso que he decidido dedicarle un apartado a este tema en estas páginas, aunque el pensamiento crítico será un tópico que exploraré en una futura publicación. Primero: hazte un favor y deja de andar creyendo en cada historia que te cuentan. La gente suelta barbaridades que jamás se cuestionaron y muchos las repiten como si fueran palabras sagradas. En el mundo de los TikToks todos tragan entero. No seas uno de ellos. Si algo suena tan increíble que te hace sentir que "todo es posible", es casi seguro que hay gato encerrado. Desde políticos y "gurús espirituales" hasta ofertas ridículas en redes, todos tienen su precio y su agenda. Aprende a ver el anzuelo.

La "fe ciega" es el camino directo a la estulticia. Y no confundas esto con amargura o cinismo, esto es mera inteligencia de supervivencia. La gente que te dice que "creas sin cuestionar" suele estar vendiéndote humo. No importa si se trata de una historia, una causa, o un suplemento mágico, todo siempre suele venir cargado de ficción, o por lo menos de algún sesgo.

Ser crítico no es igual a ser un contradictor profesional. Mantén la mente abierta, claro, pero no tanto que se te caiga el cerebro. Recoge datos, analiza y usa el sentido común, aunque hoy día resulte ser el menos común de los sentidos. La realidad es compleja, y rara vez la verdad se muestra sencilla o cómoda. Desarrollar el hábito de leer de manera selectiva es clave: pero no se trata de leer por leer, sino de seleccionar fuentes confiables y variadas. No te encierres en una sola perspectiva. Lee opiniones contrarias, investiga los antecedentes de los autores y verifica la información con múltiples fuentes. La lectura crítica te permitirá identificar sesgos y argumentos débiles.

Acostúmbrate a las preguntas incómodas, son el ejercicio que fortalece el coco. Si algo te reta, no huyas, enfréntalo y examina si tus creencias tienen algún valor o si son castillos de arena. Cambiar de opinión no es traición, es crecimiento. Los necios son aquellos que abrazan sus opiniones como si fueran lo único que los mantiene vivos. Además, practicar la escucha activa te ayudará a entender realmente lo que se te está diciendo. Presta atención a los detalles, detecta inconsistencias y haz preguntas aclaratorias.

La próxima vez que te enfrentes a una afirmación de la que desconfías, usa el método socrático[9]: pregúntate qué evidencia respalda eso, cuál es la fuente, si hay alternativas y qué supuestos se están haciendo. Este método te obliga a profundizar más allá de la superficie y a no aceptar nada sin una evaluación rigurosa. Reconoce y controla tus sesgos, todos tenemos sesgos cognitivos que nublan nuestro juicio. Identifica cuáles son los tuyos, como el sesgo de confirmación o el efecto halo[10], y sé

---

[9] El método socrático es una técnica de cuestionamiento y diálogo utilizada para estimular el pensamiento crítico y explorar ideas complejas. Consiste en hacer preguntas sistemáticas y profundas para examinar las creencias y suposiciones de una persona, llevándola a cuestionar sus propias ideas y a descubrir nuevas perspectivas. Este método no busca imponer conocimientos, sino guiar al interlocutor hacia sus propias conclusiones a través de la reflexión.
Un ejemplo:
Persona A: "La mentira siempre está mal."
Sócrates: "¿Siempre? ¿Qué pasaría si mentir pudiera salvar una vida?"
Persona A: "Bueno, en ese caso podría ser justificable."
Sócrates: "Entonces, ¿existen situaciones en las que mentir podría ser lo correcto?"
Persona A: "Supongo que sí, dependiendo de las circunstancias."
Sócrates: "¿Cómo podríamos determinar cuándo es aceptable mentir y cuándo no?"
Este intercambio ilustra cómo el método socrático puede llevar a una persona a reconsiderar y matizar su posición inicial a través de preguntas cuidadosamente formuladas.

[10] El efecto halo es un sesgo cognitivo en el que la percepción general de una persona, marca o producto influye en la evaluación de sus características específicas. Este fenómeno ocurre cuando una impresión positiva (o negativa) en un área particular lleva a juzgar positivamente (o negativamente) otras áreas no relacionadas. El efecto halo puede afectar significativamente nuestros juicios y decisiones, a menudo de manera inconsciente.

consciente de cómo tus experiencias y creencias influyen en tu percepción de la realidad. Pregúntate: ¿Por qué pienso así? ¿Estoy siendo objetivo?

No te quedes con la primera respuesta que te den a cualquier pregunta que tengas. Explora diferentes enfoques y perspectivas para resolver problemas. No aceptes algo como verdad solo porque una figura de autoridad lo diga. Investiga por tu cuenta y forma tu propia opinión. Practica la toma de decisiones informadas: antes de decidir algo importante, recopila toda la información relevante, evalúa las opciones disponibles y considera las consecuencias a corto y largo plazo. No te apresures, el pensamiento crítico valora la calidad sobre la rapidez.

Además, rodéate de mentes críticas. Las personas con las que te rodeas influyen en tu manera de pensar. Busca compañía de individuos que valoren el pensamiento crítico, que desafíen tus ideas de manera constructiva y que te inspiren a ser mejor.

El pensamiento crítico es un maravilloso escudo contra la manipulación. Publicidad, noticias, redes sociales... todos tienen una agenda, y tu deber es

---

Un ejemplo común del efecto halo se da en el ámbito laboral. Si un empleado destaca en una habilidad particular, como la puntualidad, su jefe puede tender a evaluar positivamente otros aspectos de su desempeño, incluso aquellos no relacionados con la puntualidad, como la creatividad o la eficiencia. Del mismo modo, si una celebridad es admirada por su atractivo físico, la gente puede asumir erróneamente que también es inteligente, amable o talentosa en áreas no relacionadas con su apariencia.

identificar cuál es antes de comerte el cuento. No te sientas inmune a la manipulación. Nadie lo es. Pero si te entrenas para cuestionar y pensar por tu cuenta, eres un blanco mucho más complicado.

Pensar críticamente no es ser negativo o "el grinch de la lógica". Es ver las cosas con una perspectiva completa y tomar decisiones con fundamento, como si fueras el único responsable de lo que entra en tu cabeza. Así que, la próxima vez que alguien te pida que creas en algo "porque siempre ha sido así" o "porque todos lo creen", despierta y pregunta. Indaga, infórmate y considera tus opciones. Y si las evidencias apuntan en otra dirección, ¡anímate a cambiar de opinión!

Epílogo: Una postdata a la regla de oro

Ya finalizando este recorrido es fundamental reiterar que dejar de ser excesivamente amable no significa cruzar al otro extremo y descuidar los sentimientos o las necesidades de otros. La meta es encontrar un punto medio: saber defender los propios intereses sin pasar por encima de los derechos ajenos.

Uno de los mayores malentendidos sobre la asertividad es confundirla con egoísmo o agresividad. Nada más lejos de la realidad. Asertividad es establecer límites, conocer dónde terminan los derechos de uno y comienzan los de los demás. Permite respetar las propias necesidades y reconocer las de otros sin cargar con culpa. Ser asertivo no implica atropellar a nadie, significa asegurarse de que nuestros derechos no sean ignorados.

En estos tiempos, es fácil confundir una sonrisa o una charla casual con una amistad real. Pero una amistad verdadera trasciende la cortesía y los favores esporádicos. Esto no implica que todos busquen manipularnos, sino que las relaciones auténticas se definen más allá de la simple amabilidad. Entender esto permite establecer límites sin sentir culpa por no estar siempre disponible o complaciente.

Otro punto es la trampa de la validación en redes sociales. Muchos olvidan que un pulgar arriba virtual no tiene relevancia en cuanto al valor propio o las relaciones.

La autoestima debe venir de adentro, no de un gesto superficial en línea. Es vital evitar estos meta-indicadores de aprobación que solo nos distraen de las conexiones reales y del sentido de identidad.

El silencio es una herramienta subestimada para reafirmarnos. A veces, la ausencia de palabras es la afirmación más poderosa, transmite seguridad y control cuando el hablar solo causaría conflictos o debilitaría la posición propia. El silencio puede marcar un límite por sí solo, señalando de manera implícita que no todo merece una respuesta.

Con límites claros y sin depender de la validación superficial, se encuentra un equilibrio entre el respeto propio y la empatía. La asertividad no se trata de ser rígido sin motivo, sino de ser fiel a uno mismo y actuar con confianza, reconociendo también la humanidad de los demás.

Todos hemos escuchado la Regla de Oro: esa "joya universal" que suena tan profunda, pero a veces resulta bastante inútil. Todos la repiten como loros, la llevan tatuada en la lengua como si al decirla ya entendieran algo. Pero entenderla, lo que se dice entenderla... esa es otra historia.

La Regla de Oro viene en dos versiones, como los medicamentos: la versión "bonita" y la "antiséptica". La primera dice: "Trata a los demás como te gustaría que te trataran". Linda, profunda pero completamente malinterpretada. La segunda es para los cautelosos: "No hagas a los demás lo que no quieres que te hagan". Esta es la edición defensiva de la misma, pero al menos te mantiene las manos limpias y la conciencia intacta.

Ahora, no te engañes, que aquí no acaba la cosa. Ambas versiones de dicha regla vienen con cláusulas ocultas, unas posdatas incómodas que nadie menciona, pero que son las que realmente importan.

La primera postdata dice: "Solo tú decides cuánto aguantas". Porque una cosa es ser buena persona, y otra es hacer de basurero emocional de quienes pasan a tu lado. No tienes que cargar con la miseria ajena solo porque sí, y menos hacerte héroe en problemas que ni buscaste ni entiendes. No todas las batallas son tuyas, así que elige sabiamente.

Y luego está la Posdata a la Posdata, una segunda cláusula que nadie va a decir: "No tienes por qué cargar con la mierda de nadie". Ser buena persona no es sinónimo de ser el felpudo de todos. Que cada quien cargue con sus propios fantasmas y aprenda a lidiar con sus decisiones. Tú, mientras tanto, dedícate a lo tuyo.

Curiosamente, son estos dos añadidos los que en verdad importan, pero que la literatura jamás menciona. Quizás porque ambos ajustes no suenan lo suficientemente espirituales, o porque decir "mierda" no es muy zen que digamos. Pero la verdad es que son los consejos que realmente sirven en la vida real, los que te permiten mantener tu dignidad intacta mientras navegas por este mar de expectativas ajenas.

Anexo 1:
Un curso de sarcasmos

¿Has notado que hay personas que parecen tener un superpoder para responder inteligentemente a cualquier comentario tonto que se les cruza? Sí, esos genios del ingenio que desarman una pregunta incómoda con la precisión de un cirujano y la gracia de un payaso en llamas. Mientras tú te quedas rascándote la cabeza por la impertinencia, ellos ya han soltado una respuesta tan afilada que hasta el que preguntó primero empieza a cuestionar su propia existencia.

No todos nacemos con la habilidad de dar réplicas ingeniosas al instante, esa chispa que convierte una situación terrible en una lección de "no te metas donde no te corresponde". Pero, ¿qué hay si te digo que puedes entrenar esa increíble destreza? ¿Y si existiera un "manual de respuestas inteligentes" para todas esas preguntas tontas que la gente lanza cuando busca criticar, burlarse o simplemente joderte la vida?

Pues bien, eso es exactamente lo que tienes aquí en este anexo: una colección de 50 preguntas pasivo-agresivas que todos hemos enfrentado alguna vez, junto con respuestas diseñadas específicamente para poner límites sin perder tiempo en explicaciones innecesarias. Cada pregunta viene con su contexto y una respuesta que mezcla ingenio, asertividad y ese toque justo de sarcasmo que dice "hasta aquí llegaste"

¿Pero acaso el sarcasmo no es malo? Depende. El que tratamos aquí, es uno con propósito, una herramienta más en tu arsenal de autenticidad. No estás obligado a memorizar cada respuesta ni a convertirte en el rey del ingenio mordaz. Toma lo que te sirva, adapta las respuestas a tu estilo y sobre todo, recuerda que el objetivo no es lastimar, sino poner límites claros con actitud.

Cada pregunta y respuesta viene acompañada de una explicación de por qué funciona y cómo establece límites de manera efectiva. Es como tener un manual de defensa personal para tu dignidad, pero en lugar de aprender movimientos de karate, vas a aprender a desarmar ataques verbales con la elegancia de alguien que sabe exactamente dónde duele.

Así que prepárate para un viaje por el arte del contraataque verbal inteligente. Porque a veces, la mejor manera de lidiar con una pregunta tonta es con una respuesta que demuestre que tu amabilidad tiene límites... y esos límites son geniales y no se negocian.

1. "¿Cómo estás de gordo/calvo/(cualquier otro rasgo físico)?"

R/ "Tan perfecto como siempre."

Este tipo de comentario busca avergonzar o hacer sentir mal al resaltar negativamente un rasgo físico. La respuesta transmite seguridad y elude el ataque con una dosis de autoconfianza que no admite debate. Al definirte como "perfecto", dejas claro que no hay nada que cambiar ni cuestionar, desarmando la crítica sin ceder a la confrontación.

---

2. "¿Y por qué te gusta/hiciste/escogiste eso?"

R/ "Porque puedo."

Aquí se cuestionan las elecciones personales con la intención de poner en duda o criticar los gustos o decisiones. La respuesta breve y contundente sugiere que no necesitas dar explicaciones ni justificar tus elecciones. La firmeza bloquea la discusión y coloca una barrera ante el intento de cuestionar tu autonomía.

---

3. "¿Y eso para qué?"

R/ "Para que te preguntes."

Esta pregunta juzga con desdén las preferencias o gustos personales, insinuando que no tienen valor o utilidad. El giro irónico en la respuesta devuelve la carga de la pregunta al que la hace, evidenciando que es innecesaria. Además, muestra que no tienes interés en justificar tus motivos, porque no hay necesidad de explicárselos a nadie.

---

4. "¿Y no te da pena/vergüenza?"

R/ "¿Debería?"

Juzgar una acción o decisión buscando generar culpa o incomodidad es el objetivo de esta pregunta. Al responder con otra pregunta que hace que el interlocutor dude de sus propios valores, generas una pausa incómoda. Este contragolpe retórico invita a cuestionar la pertinencia de sentir vergüenza por algo que claramente no es vergonzoso para ti.

---

5. "¿Por qué no lo intentas de otra manera?"

R/ "Si quisiera, ya lo habría hecho."

La sugerencia implícita aquí es que la forma actual es inadecuada, cuestionando las capacidades o criterio. La respuesta deja claro que tu elección es intencional y no necesita corrección. Al decir que ya habrías cambiado si lo quisieras, transmites autoridad sobre tus decisiones y cierras la puerta a sugerencias no solicitadas.

---

6. "¿Realmente crees que eso funcionará?"

R/ "Eso espero. Ya veremos."

Sembrar dudas sobre la viabilidad de una idea o acción es un intento de desanimar o desacreditar. Con un tono firme y neutral, esta respuesta evita caer en la duda que busca instalar el interlocutor, pero tampoco revela inseguridad. Dejas claro que estás consciente del posible resultado y, al mismo tiempo, no le das el gusto de cuestionarte.

---

7. "¿No crees que podrías hacerlo mejor?"

R/ "Seguro, pero me gusta verlo así desde abajo."

La respuesta desacredita la crítica indirecta que insinúa insuficiencia en los esfuerzos, demostrando que la persona no se inmuta ante la supuesta "mejoría" que podría alcanzar. Deja claro que la crítica externa no mueve su estándar ni esfuerzo.

---

8. "¿Qué te hizo pensar eso?"

R/ "Tu inspiración, supongo."

El cuestionamiento a la inteligencia o juicio busca desestabilizar. Esta respuesta redirige la pregunta de vuelta con un tono que sugiere sutilmente que la otra persona podría no entender la decisión, y hasta podría ser la razón del "error". Así, mantiene el control al no justificarse ni un poco.

---

9. "¿Estás seguro de que es la mejor opción?"

R/ "Sin duda. Y lo sé por la expresión en tu cara."

La duda sobre una elección busca generar inseguridad. Pero la respuesta no solo afirma la seguridad en la decisión, sino que también convierte la duda de la otra persona en una "validación" irónica. Aporta una confianza indestructible y hace que la otra persona parezca más insegura.

---

10. "¿No te preocupa cómo podría afectar esto?"

R/ "Claro, ¡pero eso es lo divertido!"

Aquí se intenta hacer sentir culpable implicando potenciales consecuencias negativas. Pero la respuesta rompe con cualquier culpa al responder con un toque de despreocupación desafiante. Muestra una actitud segura, dispuesta a afrontar las consecuencias sin perder tiempo en dudas.

---

11. "¿Por qué no sigues lo que hacen los demás?"

R/ "Me gusta perderme los clásicos."

La presión por conformarse y seguir a la mayoría es clara en esta pregunta. Pero la respuesta indica que lo que sigue "todo el mundo" no es de interés, como si preguntar fuera más aburrido que cualquier "norma". Acentúa la independencia y muestra que ir contra la corriente es algo que se disfruta, no se sufre.

---

12. "¿No te parece un poco excesivo?"

R/ "La modestia no se me da muy bien."

Tildar algo de "excesivo" busca generar duda o vergüenza. Pero la respuesta en tono casi orgulloso da a entender que esa intensidad es no solo intencional sino característica. Enmarca la acción como una marca personal que no requiere permiso ni excusas.

---

13. "¿Cómo llegaste a esa conclusión?"

R/ "Con el mismo método que tú para preguntar."

Cuestionar el proceso de pensamiento es una forma de atacar la inteligencia. La respuesta da vuelta la duda en el mismo tono, sugiriendo que la otra persona no tiene autoridad sobre el razonamiento. Mantiene el misterio y evita cualquier intento de invasión a los procesos mentales.

---

14. "¿Por qué insistes en hacerlo así?"

R/ "Porque repetir funciona. Míranos."

Criticar la perseverancia en un método es un intento de desacreditar. La respuesta retoma la repetición como un concepto irónico, insinuando que la otra persona también repite sus preguntas, quizás sin éxito. Da a entender que, si alguien debería reconsiderar algo, no es precisamente el que responde.

---

15. "¿Qué pasa si no sale como esperas?"

R/ "Entonces, sale como esperabas tú."

La duda sobre el éxito busca generar inseguridad sobre la acción. Pero la respuesta sugiere que, independientemente del resultado, la persona ya está preparada. Implica que el riesgo y el éxito son suyos, pero si falla, no sería ninguna sorpresa. La crítica pierde efecto cuando la otra persona parece imperturbable ante el fracaso.

---

16. "¿Por qué no buscas otra alternativa?"

R/ "Es que esta se ve tan entretenida."

Sugerir otras opciones insinúa que la actual es insuficiente. Pero la respuesta da a entender que se tiene control sobre la elección, y que otras opciones fueron desechadas por preferencia, no por falta de criterio. Resalta que la elección es intencional, no el resultado de un proceso "pobre".

---

17. "¿No te parece que es un poco complicado?"

R/ "Sí, pero es un tipo de diversión que pocos entienden."

Tildar algo de "complicado" sugiere que es innecesariamente difícil. Pero la respuesta quita toda carga negativa a la complejidad, presentándola como algo exclusivo y, por lo tanto, más valioso. Al reconocer que "pocos entienden", convierte la crítica en una validación de su propia capacidad y gusto por los desafíos.

---

18. "¿Por qué no pruebas algo diferente?"

R/ "¿Para qué, si esto ya funciona?"

Criticar la falta de variedad o flexibilidad es el objetivo aquí. Pero la respuesta desarma la crítica insinuando que quien pregunta carece de visión práctica. Al remarcar la funcionalidad, se refuerza el valor de la decisión actual y se deja claro que cambiar por cambiar no es necesariamente un avance.

---

19. "¿Cómo justificas esa decisión?"

R/ "Con los mismos datos que tú ignoraste."

Cuestionar la moral o lógica de una elección busca desestabilizar. Pero aquí se da a entender que quien cuestiona está desinformado, lo cual devuelve la crítica con precisión. La implicación de que ellos pasaron algo por alto los pone a la defensiva y evita que el cuestionamiento continúe.

---

20. "¿Por qué no priorizas de otra manera?"

R/ "Porque así ya me da resultados."

Esta pregunta implica una mala gestión de prioridades. Pero la respuesta minimiza la "sugerencia" y reafirma que los resultados avalan la elección actual, dejando claro que cualquier cambio sería innecesario. Es una manera elegante de decir "mis prioridades están mejor de lo que tú crees."

---

21. "¿Qué te detiene para mejorar?"

R/ "Lo mismo que a ti para entenderlo."

Criticar una supuesta falta de progreso o esfuerzo es el propósito aquí. Pero responder así coloca en el mismo nivel la falta de mejora y la falta de comprensión de quien pregunta, sugiriendo que quizás no está en posición de ofrecer ese consejo. La respuesta muestra que el supuesto "estancamiento" es una percepción errónea.

---

22. "¿Por qué no consideras los posibles inconvenientes?"

R/ "Porque prefiero los resultados."

Sugerir negligencia en la planificación es el objetivo de esta pregunta. Pero la respuesta responde a la crítica sin justificar nada, desviando hacia el valor de los logros concretos. La insinuación es que quien pregunta se centra en los problemas, mientras tú, en cambio, produces resultados.

---

23. "¿Por qué no te adaptas a los cambios?"

R/ "Porque me adapto a lo que importa."

Criticar la resistencia al cambio busca desestabilizar. Pero aquí, el enfoque es la selectividad, dando a entender que solo los cambios significativos merecen atención. Implica que quien pregunta cambia sin motivo claro, mientras tú tienes un criterio definido.

---

24. "¿No te sientes abrumado?"

R/ "Curioso que tú sí."

Insinuar incapacidad para manejar responsabilidades es un claro ataque. Esta respuesta redirige la incomodidad hacia quien pregunta, insinuando que el problema podría estar en su percepción o en su propio manejo. Refuerza la idea de que tú estás en control.

---

25. "¿Por qué no lo habías pensado antes?"

R/ "Porque me enfoqué en hacerlo primero."

Criticar la falta de previsión o inteligencia es el objetivo aquí. Pero la respuesta destaca que la ejecución es más valiosa que la mera planificación. Es un recordatorio de que pensar no es suficiente si no se traduce en resultados, insinuando que quien pregunta da demasiada importancia a lo teórico.

---

26. "¿Por qué no te enfocas en lo esencial?"

R/ "Porque algunos detalles también importan."

Esta pregunta sugiere dispersión o falta de concentración. Pero la respuesta devuelve la crítica destacando la importancia de los matices, sugiriendo que quien pregunta solo ve una parte del panorama. Es una manera sutil de recordarle que la complejidad también tiene valor.

---

27. "¿Por qué no estableces mejores prioridades?"

R/ "Porque así no se me pasa nada."

Implicar una mala gestión del tiempo o recursos es el propósito de esta pregunta. Pero la respuesta sugiere que quien pregunta no entiende la diferencia entre priorizar y descartar. Resaltar que "no se pasa nada" implica que tienes una organización efectiva que otros simplemente no logran ver.

---

28. "¿Qué esperas lograr con eso?"

R/ "Lo suficiente para que lo notes."

Cuestionar la efectividad o propósito de una acción busca desestabilizar. Pero esta respuesta es efectiva porque convierte la pregunta en evidencia del éxito o visibilidad de tus logros. Recalca que ya estás consiguiendo un impacto, lo que minimiza la duda de quien cuestiona.

---

29. "¿Por qué no simplificas las cosas?"

R/ "Porque es la única forma de hacerlo bien."

Criticar la complicación innecesaria es el objetivo aquí. Pero este es un recordatorio sutil de que la complejidad es necesaria cuando se apunta a la excelencia. La respuesta insinúa que quien pide simplificación probablemente no comprende la necesidad del detalle en situaciones de calidad.

---

30. "¿Qué te impide avanzar?"

R/ "Nada que tú puedas notar."

Implicar estancamiento o falta de iniciativa es un claro ataque. Pero esta respuesta elude la crítica con una declaración de independencia y seguridad, dando a entender que cualquier "freno" es tan sutil que no está al alcance de los demás.

---

31. "¿Por qué no te unes al resto?"

R/ "¿Por qué seguirlos?"

Esta pregunta critica la exclusión o falta de participación. Pero este giro devuelve la pregunta, invitando a que reflexionen si seguir ciegamente a "los demás" es tan valioso como suponen. Desvía la atención y sugiere que ser uno mismo es superior a "unirse".

---

32. "¿Por qué no te dedicas a algo productivo?"

R/ "Me parece tan productivo como tus preguntas."

Insinuar ociosidad o falta de valor es el objetivo de este cuestionamiento. Aquí el sarcasmo es clave. Responde como si su pregunta fuera ejemplo de "improductividad", dejando claro que la crítica es vacía y mal dirigida.

---

33. "¿Por qué no haces más ejercicio?"

R/ "Con mi ritmo, ni lo necesito."

Comentar sobre hábitos de salud de manera implícitamente crítica busca avergonzar. Pero la respuesta es casi despectiva: no hace falta nada "extra" porque ya está satisfecho consigo mismo. Resalta su autopercepción positiva sin necesidad de esfuerzo adicional, lo que contradice el juicio de la pregunta.

---

34. "¿Por qué sigues viviendo con tus padres?"

R/ "Me llevo bien con ellos, ¿y tú?"

Criticar la independencia o madurez personal es el claro objetivo aquí. Pero la respuesta redirige la cuestión a los vínculos familiares de quien pregunta, desarmando la crítica sobre independencia. Deja en el aire la posible incomodidad ajena sin revelar ni justificar la propia.

---

35. "¿Por qué siempre eliges lo fácil?"

R/ "Porque hago que funcione."

La implicación de falta de esfuerzo o ambición es clara en esta pregunta. Pero la respuesta reinterpreta "lo fácil" como algo intencional y efectivo. Implica que quien elige lo fácil es pragmático, resaltando la habilidad y control del que responde frente a la supuesta "comodidad".

---

36. "¿Por qué no intentas algo más interesante?"

R/ "Define interesante."

Criticar la falta de creatividad o entusiasmo es el objetivo aquí. Pero pedir que definan "interesante" lanza de vuelta la responsabilidad de esa crítica subjetiva, forzando al otro a reflexionar y descomponiendo la acusación implícita.

---

37. "¿Por qué no te tomas un descanso de tanto trabajo?"

R/ "Porque descanso mejor sin tus consejos."

La sugerencia implícita de exceso de trabajo o falta de equilibrio busca desestabilizar. Pero esta respuesta sugiere que el consejo no pedido es intrusivo y que el descanso, el equilibrio o la salud personal están bien cubiertos. Mantiene una autoconfianza despectiva hacia el "preocupado" que opina.

38. "¿Por qué no buscas un trabajo mejor?"

R/ "Porque este es perfecto para mí."

Criticar la satisfacción laboral actual es un intento de generar duda. Pero esta respuesta refuerza la idea de que el trabajo actual es exactamente lo que la persona desea. Sugiere un sentido de satisfacción plena, haciéndole entender al interlocutor que opinar sobre ello es innecesario y fútil.

39. "¿Por qué no intentas algo más desafiante?"

R/ "¿Para qué, si esto me sobra?"

La implicación de comodidad excesiva o falta de ambición es clara aquí. Pero la respuesta es de quien encuentra que su actividad actual ya es suficiente. Imprime una superioridad tranquila, que hace ver la pregunta como un comentario de alguien que subestima sin motivo.

40. "¿Por qué no te involucras más en la comunidad?"

R/ "Prefiero observar desde lejos."

Criticar la falta de participación social es el objetivo de esta pregunta. Pero la respuesta refleja una elección personal deliberada y muestra la independencia del individuo al mantener una distancia, sugiriendo que el involucramiento no es necesario para alguien de su calibre.

---

41. "¿Por qué no piensas en ser más positivo?"

R/ "Prefiero ser realista."

Insinuar negatividad o pesimismo busca desestabilizar emocionalmente. Pero esta respuesta redefine la "negatividad" como realismo, desarmando el argumento emocional y dejando entrever que el interlocutor confunde optimismo con superficialidad.

---

42. "¿Por qué siempre estás tan negativo?"

R/ "¿Por qué no intentas tú otro enfoque?"

Criticar directamente la actitud de alguien es un claro ataque. Pero la respuesta deja la "negatividad" como asunto de percepción y sugiere que, si hay incomodidad, es cosa del otro. Devuelve el "problema" a su lugar de origen, desviando la atención del criticado a quien critica.

---

43. "¿Por qué no te unes a algún grupo o club?"

R/ "No veo la necesidad de hacer bulto."

Esta pregunta critica el aislamiento o falta de socialización. Pero la respuesta desactiva el supuesto de que socializar en grupo es una necesidad o un logro. Al insinuar que unirse a un grupo es "hacer bulto", se da a entender que no necesita compañía para validar su valor, proyectando independencia.

---

44. "¿Por qué no intentas ser más eficiente?"

R/ "Porque ya hago demasiado."

Insinuar ineficiencia o falta de productividad es el claro objetivo aquí. Pero la respuesta es contundente: se deja claro que su aporte ya es significativo y que cualquier sugerencia de "mejorar" es irrelevante. Con una sola frase, se desacredita la insinuación y se sitúa la percepción del otro como incorrecta.

---

45. "¿No crees que estás desperdiciando tu tiempo?"

R/ "Ah, ¿el tuyo te sobra?"

Juzgar el uso del tiempo personal es una forma de ataque. Pero en lugar de defenderse, esta respuesta le devuelve la presión a quien pregunta, cuestionando su autoridad para evaluar el tiempo ajeno. Al cambiar el foco hacia el tiempo de la otra persona, sugiere que la pregunta es intrusiva.

---

46. "¿Por qué no haces algo útil con tu vida?"

R/ "Porque lo estoy disfrutando."

Criticar la dirección o propósito de la vida de alguien es un juicio muy personal. Con esta respuesta, la idea de "utilidad" se redefine. "Disfrutar" se convierte en el propósito central, evitando cualquier necesidad de justificación o validación externa sobre la forma en que se vive.

---

47. "¿No te parece que eres demasiado distraído?"

R/ "Solo cuando escucho cosas sin importancia."

Insinuar falta de atención o responsabilidad es una forma de ataque. Pero esta respuesta reestructura la supuesta "distracción" en un acto selectivo: la falta de atención no es un defecto, sino una elección frente a lo que considera irrelevante. Al poner en duda la importancia de lo que se dice, se da a entender que su atención está bien dirigida.

---

48. "¿Por qué no dejas de procrastinar?"

R/ "Pero si hasta para eso tengo un plan."

Criticar la falta de productividad es el claro objetivo aquí. Pero la respuesta toma el término "procrastinar" y le da un giro inesperado, mostrando que todo, incluso los descansos, sigue una estructura personal. Al referirse a la procrastinación como un "plan", neutraliza cualquier crítica.

---

49. "¿No crees que te falta madurez?"

R/ "Gracias, lo tomaré como un cumplido."

Juzgar el nivel de madurez personal es un ataque directo. Pero en lugar de ofenderse o justificarse, la respuesta adopta la crítica como un halago, quitándole fuerza a cualquier sugerencia de "inmadurez" y devolviendo el comentario con elegancia. Este giro desarma la pregunta y deja ver que quien responde no siente la urgencia de cumplir con expectativas ajenas.

---

50. "¿Por qué siempre estás complicando las cosas?"

R/ "Es mi forma de mantenerme entretenido."

Criticar la tendencia a crear complicaciones innecesarias es el objetivo de esta pregunta. Pero la respuesta convierte la crítica en un ejercicio de creatividad: complicar las cosas es, simplemente, una forma de evitar el aburrimiento. Al tomar el control de la situación y definir su propio enfoque como entretenido, deja ver que no necesita simplificar nada para satisfacer expectativas externas.

Anexo 2:
19 misiones para dejar de ser tan amable

Ahora es momento de ponerte a prueba. La teoría es hermosa, pero es en la práctica donde realmente empiezas a ver los resultados. Por eso he incluido esta colección de 19 misiones que te ayudarán a desprogramar esa necesidad compulsiva de darle gusto a todo el mundo y te mostrarán, de manera tangible, que el mundo no se acaba cuando dejas de ser su eterno complaciente.

¿Por qué las llamo misiones? Porque cada uno de estos ejercicios una es una pequeña operación encubierta contra tu programación mental de "buenismo" extremo. Son ejercicios prácticos que te sacarán de tu zona de confort y te harán cuestionar esos patrones de comportamiento a los que has estado arraigado como si fueran mandamientos sagrados.

No hay un orden específico para realizar estas misiones. Puedes empezar por la que te parezca menos amenazante o lanzarte directamente a la que más te incomode, después de todo, romper el molde nunca ha sido cómodo. Lo importante es que después de cada misión, te tomes un momento para reflexionar sobre la experiencia. ¿Fue tan terrible como imaginabas? ¿Se acabó el mundo? ¿No hay razón para vivir? ¿Es la culpa una cosa tan horrible o la estás exagerando? ¿Alguien salió herido de muerte porque no fuiste "amable"?

Además, siéntate y analiza: ¿Qué tan difícil fue realmente? ¿Cómo reaccionó la gente? Y lo más importante: ¿cambió algo fundamental en tu vida o en tus relaciones? Te apuesto a que descubrirás que el universo siguió su curso, que la tierra no dejó de girar, y que ser auténtico, aunque se sienta incómodo al principio, es mucho más liberador de lo que pensabas.

Estas misiones son todo un laboratorio para la autenticidad. Son tu oportunidad de comprobar, en carne propia, que no necesitas la aprobación constante de otros para existir, que poner límites no te convierte en una mala persona, y que la verdadera libertad comienza cuando dejas de vivir para complacer a los demás.

¿Listo para empezar? Elige tu primera misión y prepárate para descubrir que ser menos amable y más auténtico no solo es posible, sino que además, es tremendamente liberador.

MISIÓN 1: Hoy, no te bañarás. Vas a irte sin bañar ni afeitar al trabajo. No vas a ser explícito ni a decirle a nadie que no te has aseado, pero por 24 horas no vas a ducharte.

MISIÓN 2: Hoy vas a hacerte el sordo en dos ocasiones. Esto es, vas a hacerte como si no hubieses escuchado a voluntad. Alguien va a decirte algo y no vas a responder, mirar, voltear, nada. Vas a observar tu propio silencio y a controlar ese impulso por ser cortés. Cuando vuelvan a llamarte la atención, no vas a decir "perdón" ni a justificar que no escuchaste, solo vas a girar y a decir "¿Sí?" para que vuelvan a decirte lo que ignoraste.

MISIÓN 3: En este día, no vas a iniciar ninguna conversación, vas a dejar que todo te llegue por sí solo. No vas a buscar llenar ningún silencio, y si necesitas algo no vas a preguntar por ello sino afirmarlo, por ejemplo: En vez de decir "¿Dónde están los informes de...?", dirás "Necesito los informes de...". Si te preguntan si te pasa algo, siempre dirás "Para nada".

MISIÓN 4: Esta es una misión que debes repartir entre varios días, tienes que alcanzar a dar 5 negativas a peticiones sin explicaciones en varios días seguidos. Si en un día dijiste "NO" dos veces, súmate dos puntos, si al siguiente diste tres negativas súmate tres puntos más y alcanzaste los 5 puntos, pero si un día no das ninguna negativa, debes volver a empezar desde 0. Recuerda, solo valen los "NO" a peticiones que te hagan.

MISIÓN 5: Hoy vas a comer algo que normalmente evitarías por miedo al qué dirán. Pide esa hamburguesa grasosa, ese postre calórico o ese plato exótico. Come con ganas, sin excusas ni explicaciones. Si alguien comenta, simplemente di "Tenía antojo" y sigue disfrutando.

MISIÓN 6: En algún momento del día, expresa una opinión impopular. No tiene que ser ofensiva, solo algo con lo que la mayoría no estaría de acuerdo. Mantente firme en tu postura, no cedas ante la presión de complacer o retractarte. Si te cuestionan, di con calma "Es mi opinión, no tiene que gustarte".

MISIÓN 7: Hoy, cuando alguien te pida ayuda con una tarea, vas a decir "no puedo" sin ofrecer ninguna explicación. No importa si tienes tiempo o no, simplemente di "no puedo" y observa cómo reaccionan. Resiste el impulso de justificarte o ceder ante cualquier presión. La respuesta es "no puedo" y punto. Esta misión no suma como puntuación para la Misión 4.

MISIÓN 8: Esta misión solo se cumplirá cuando dejes a voluntad que alguien se equivoque. No es inducirlo al error, es dejar que haga lo que quiere hacer, aun a sabiendas de que saldrá mal. Si ves a un colega cometer un error o a un amigo a punto de tomar una mala decisión, resiste el impulso de intervenir o corregir. Observa cómo se desarrolla la situación sin involucrarte. Recuerda, cada quien es responsable de sus propias acciones.

MISIÓN 9: Hoy, en al menos una interacción, vas a hablar deliberadamente más lento de lo normal. Tómate tu tiempo para responder, haz pausas entre frases. Si notas impaciencia en tu interlocutor, no te aceleres. Mantén tu ritmo, hazte dueño de tus palabras y de tu tempo.

MISIÓN 10: En este día, vas a señalar un problema evidente que todos evitan mencionar. Sé directo y firme, sin rodeos.

MISIÓN 11: En este día, vas a mantener contacto visual durante todas tus conversaciones. De hecho, vas a buscar recordar el color de ojos de al menos cinco de tus interlocutores. No desvíes la mirada por timidez o incomodidad. Mantén una mirada firme y amigable, incluso si el tema se pone intenso. Tu mirada comunica seguridad y compromiso con la interacción.

MISIÓN 12: Hoy, vas a sentarte en el asiento del frente en cualquier situación que involucre asientos (una clase, conferencia, transporte público, etc.). No te escondas en la parte de atrás. Reclama tu espacio y tu presencia. Si sientes miradas, recuerda: estás exactamente donde debes estar.

MISIÓN 13: En este día, vas a iniciar una conversación con un completo desconocido. Puede ser en la fila del supermercado, en el ascensor, o en cualquier otro lugar. Haz un comentario casual o un cumplido sincero. El objetivo no es entablar una amistad profunda, sino practicar el iniciar interacciones sin miedo al rechazo.

MISIÓN 14: Hoy, en al menos una ocasión, vas a decir "no entiendo" cuando alguien te explique algo. No finjas comprensión por miedo a parecer tonto. Pide clarificación sin disculparte y aun habiendo entendido a cabalidad. Después de la explicación, aun si ya entendiste y siendo para todos claro, vas a volver a decir "sigo sin entender". Si te devuelven la pelota preguntándote "¿Qué es exactamente lo que no entiendes?" vas a repetir "Quiero tener absoluta claridad sobre todo el asunto". No importa si te hacen aspavientos, insinúan que eres torpe, lo que sea. Es una puesta en escena, no la justifiques, toma esta incomodidad y el poder de saber que puedes preguntar lo que quieras y no quedarte satisfecho con una sola respuesta.

MISIÓN 15: En este día, vas a tomar una ruta diferente a tu destino habitual (trabajo, casa, etc.). Explora un nuevo camino, incluso si toma más tiempo. Permítete la aventura de perderte un poco. Si alguien cuestiona tu ruta, simplemente di "quería un cambio de paisaje".

MISIÓN 16: Hoy, vas a cancelar un compromiso de último minuto. No importa si es una cita, una reunión o una salida con amigos. Simplemente informa que no podrás asistir, sin dar excusas elaboradas. Si te presionan, repite "surgió algo" y corta la conversación sin más explicaciones.

MISIÓN 17: Esta misión se cumplirá cuando interrumpas abiertamente con un "no me interesa" a alguien con un tema que te aburre, que es irrelevante o que simplemente es una crítica o toxicidad compartida. S te llaman a ofrecerte servicios o venderte algo sin tu consentimiento, esta es una oportunidad perfecta. No finjas interés por cortesía, no des apoyo emocional. Si te presionan, simplemente repite "realmente no me interesa" y cambia el tema.

MISIÓN 18: Hoy, vas a comprar un artículo en una tienda (algo que no sea costoso, y lo pagas en efectivo) y lo vas a devolver a los 10 minutos. Lo harás solo por la sensación de que usando la factura y sin abrir ni usar el artículo, estás en tu derecho a devolverlo. Si te preguntan

"¿Por qué lo devuelves?" Simplemente porque cambiaste de opinión. Ten en cuenta las condiciones de devolución de la tienda antes de llevar a cabo esta misión, no se trata de imponer un derecho, sino de que no sientas vergüenza por hacerlo cumplir.

MISIÓN 19: Esta misión se cumplirá cuando al recibir un elogio simplemente respondas "lo sé" en lugar de tu habitual respuesta modesta. No minimices tus logros o cualidades. Acepta el reconocimiento sin sentirte obligado a devolver el cumplido o restarle importancia a tu éxito.

Ejemplo: "¡Oye, pero qué elegancia!", "lo sé".

O "Esto quedó muy bien", "lo sé".

Anexo 3:
Los 10 mandamientos de las personas verdaderamente auténticas

A lo largo de este libro, hemos explorado el arte de dejar de ser excesivamente amables y empezar a priorizar nuestras propias necesidades. Hemos hablado de poner límites, de decir "NO" sin culpa, de soltar la responsabilidad por las emociones ajenas y de abrazar nuestra autenticidad. Pero, ¿cómo llamar a aquellos que dominan este arte? ¿Cómo referirnos a esas personas valientes que se atreven a vivir en sus propios términos, sin sucumbir al yugo de complacer a todo el mundo?

La respuesta es simple: estas personas son auténticas verdaderamente. Son personas que han decidido ser fieles a sí mismas por encima de todo. No se trata de egoísmo o de falta de consideración hacia los demás, sino de un profundo respeto por su propia verdad y bienestar.

Estas personas auténticas entienden que no pueden ser todo para todos. Saben que intentar complacer constantemente a los demás es una receta para el agotamiento y el resentimiento. En lugar de eso, han aprendido a escuchar a su voz interior y a honrar sus propias necesidades y deseos.

Pero atención: ser auténtico no significa ser insensible o irrespetuoso. Los verdaderamente auténticos no pisotean a otros por mantener esa autenticidad. Al contrario, entienden que el respeto propio y el respeto a los demás van de la mano. Saben que pueden ser fieles a sí mismos sin necesidad de menospreciar o herir a quienes los rodean.

Quiero presentarte aquí, los que he decidido llamar "Los 10 Mandamientos de las Personas Verdaderamente Auténticas". Son diez formas de ser que complementan de manera asertiva todo el camino que hemos estado mostrando a través de estas páginas.

Las personas verdaderamente auténticas...

1. **Callan más de lo que hablan.** Las personas auténticas saben que la sabiduría no está en soltar la lengua a cada rato, sino en escuchar con atención. No necesitan llenar cada silencio con palabras vacías. su presencia habla por sí sola.
2. **Abrazan su ignorancia.** Por muy brillantes que sean, las personas auténticas entienden que siempre hay más por aprender. No fingen tener todas las respuestas, sino que se deleitan en la búsqueda constante del conocimiento.
3. **No alardean.** Las personas auténticas no necesitan presumir sus logros o habilidades. Dejan que su trabajo y su integridad hablen por sí mismos, sin fanfarrias ni aspavientos.

Su confianza viene de adentro, no de la validación externa.
4. **Cultivan la humildad.** Aunque sean inteligentes y capaces, las personas auténticas no se creen superiores a nadie. Entienden que cada persona tiene su propio valor y que la arrogancia solo ciega y aísla.
5. **Priorizan la calidad sobre la cantidad en sus amistades.** Las personas auténticas pueden tener un círculo más reducido de amigos cercanos, porque no se conforman con relaciones superficiales. Buscan conexiones genuinas con quienes puedan ser ellas mismas sin filtros.
6. **Cuestionan con audacia.** Las personas auténticas no temen hacer preguntas incisivas que otros podrían evitar. Su curiosidad es insaciable y no se contentan con respuestas a medias. Indagan hasta llegar al fondo de las cosas.
7. **Abordan los problemas de frente.** Las personas auténticas no huyen de los desafíos. Saben que cuanto antes se enfrente una situación difícil, mejor. No buscan criticar por criticar, sino encontrar soluciones y oportunidades de crecimiento.
8. **Devoran conocimiento de diversas fuentes.** Para las personas auténticas, el aprendizaje va más allá de los libros. Están abiertas a aprender de las experiencias, de las

conversaciones y de la observación reflexiva. Su mente siempre está hambrienta de nuevas ideas.
9. **No asumen nada.** Si bien las personas auténticas han afinado su percepción a niveles extraordinarios. Se esfuerzan por comprender y captar las verdaderas y claras intenciones o deseos de otros. No se toman nada personalmente, y tampoco asumen nada porque sí.
10. **Evitan conflictos innecesarios.** Aunque sean firmes en sus convicciones, las personas auténticas no buscan peleas sin sentido. Saben elegir sus batallas y no malgastan energía en discusiones estériles. Su seguridad les permite caminar lejos de la toxicidad.

Este es el fin último tras el mensaje de esta invitación a NO SER TAN AMABLE: ser auténtico. La autenticidad de la que hemos hablado no es una excusa para hacer lo que nos plazca sin considerar las consecuencias. Es una forma de vida basada en la honestidad, la integridad y la responsabilidad personal, donde los hechos están por encima de cualquier buenismo soso.

Anexo 4:
Formulario de Disculpas

¿Alguien te exige una disculpa que no tienes por qué dar? Saca una copia del formulario en la página siguiente y guárdala contigo. Cuando algún idiota te dé la oportunidad, no dudes en llenarlo para él y dejárselo como un souvenir: "¡Aquí tienes tu disculpa, disfrútala!".

NOTA DE DISCULPA

PARA:

DE: **FECHA:**

ASUNTO: ☐ COMPORTAMIENTO ☐ ACCIÓN
☐ PALABRAS ☐ INACCIÓN

MI COMPORTAMIENTO SE DEBIÓ A QUE:

- ☐ No estaba de ánimo.
- ☐ Creí que era una buena idea.
- ☐ No me tomé mis pastillas hoy.
- ☐ No estaba seguro.
- ☐ Me llevaste a hacerlo.
- ☐ Estaba siendo egoísta.
- ☐ Lo olvidé
- ☐ No lo sabía.

- ☐ No estaba pensando
- ☐ Pasó y punto
- ☐ Planeaba sorprenderte
- ☐ No creí que te fuera a lastimar
- ☐ Los astros no estaban alineados
- ☐ Necesitaba desahogarme
- ☐ Tengo un trauma de niño
- ☐ Te odio

- ☐ Me obligaron a hacerlo
- ☐ No pude resistirme
- ☐ Estaba cansado/a
- ☐ Tenía hambre
- ☐ Estaba ebrio/a
- ☐ Te amo
- ☐ Soy un(a) idiota
- ☐ _____

Esta nota expresa que soy consciente frente al hecho de que mis palabras/acciones pudieron disgustarte/lastimarte/etc. y por esto ☐ **NO LO VOLVERÉ** ☐ **LO VOLVERÉ** a hacer.

Anexo 5:
Contrato mefistofélico

El contrato de la página siguiente es una herramienta sarcástica para poner límites a quienes piden favores sin ofrecer nada a cambio. Con cláusulas enrevesadas, letra chica y textos crípticos, este documento convierte cualquier favor en una trampa burocrática de obligaciones interminables.

La próxima vez que alguien intente aprovecharse de tu buena voluntad, basta con presentar este contrato y sugerir, con una sonrisa, que lo firme si realmente desea tu ayuda. Su desconcierto pronto se tornará en horror al explorar sus cláusulas laberínticas -si es que alcanza a leer-. Este toque de humor negro no solo pondrá en su lugar a los "conchudos," sino que te dará una reputación intocable frente a futuros pedidos.

NO SEAS TAN AMABLE

CONTRATO

INFALIBLE, INELUDIBLE E INCOMPRENSIBLE DE PRESTACIÓN EXHAUSTIVA, IMPERATIVA, INENARRABLE Y NO NEGOCIABLE DE SERVICIOS GENERALES, ESPECIALES, ESPIRITUALES, ANEXOS, CONEXOS, INCONEXOS Y VITALICIOS, DESTINADO A SATISFACER TODAS Y CADA UNA DE LAS DISPOSITION ES, DEMANDAS, CAPRICHOS, DESEOS INDESCIFRABLES Y VELEIDADES INESCRUTABLES DEL OTORGANTE DE LA PRESENTE, EN LA MÁS ABSOLUTA, INAPELABLE Y DRACONIANA DE LAS TOTALIDADES ABARCADAS POR LA LEY CÓSMICA IMPUESTA POR LA PROPIA ESENCIA INEFABLE DE LA NATURALEZA ONTOLÓGICA DEL SER, EL NO-SER, EL NUNCA-JAMÁS-HABER-SIDO Y EL SIEMPRE-ESTAR-A-PUNTO-DE-CONVERTIRSE-EN-LO-QUE-SEA-QUE-AL-SUPREMO-SE-LE-ANTOJE-EN-CUALQUIER-MOMENTO-DADO-O-POR-DAR

YO, ______________________ (en adelante, en el más allá, en el más acá, en los confines del universo conocido y en aquellos rincones ignotos donde la razón se extravía en la noche de los tiempos, y para todos los efectos, consecuencias, secuelas, resultas y derivaciones legales, ilegales, alegales, semilegales, cuasilegales, pseudolegales, sublegales, supralegales, paralegales, criptolegales y extralegales del presente contrato, documento, instrumento, manuscrito, palimpsesto, pergamino, papiro o cualquier otra forma de registro perdurable o efímera, designado, nominado, intitulado, signado, o de cualquier otra manera referido como "EL DESAFORTUNADO", "EL DESDICHADO", "EL INCAUTO", "EL INSENSATO" o "EL SUJETO DEL IMPLACABLE DESAFUERO METAFÍSICO"), en pleno uso de mis facultades mentales (o en la más absoluta y abyecta carencia de ellas, según sea el caso, el día, la hora, la posición de las estrellas y el insondable arbitrio del Supremo), me obligo, me fuerzo, me compelo, me constriño, me avinculo y para siempre me encadeno, sujeto a la inquebrantable, adamantina e inexpugnable cláusula de renuncia perpetua, sempiterna, atemporal, transpersonal y multidimensional a cualquier recurso, resquicio, remedio, amparo, refugio o subterfugio de índole moral, emocional, intelectual, psicológica, ontológica, epistémica, axiológica, deontológica, escatológica o de cualquier otra naturaleza tangible, intangible, terrenal, celestial o del averno que pudiera asistirme, socorrerme, aliviarme o consolarme

Me declaro y constituyo en esclavitud voluntaria e irrestricta a la total e inescapable subscripción, adscripción, conscripción, sujeción, sumisión y subordinación a la omnímoda voluntad y a los inescrutables designios de EL SUPREMO, sin esperanza de redención, sin posibilidad de renuncia, sin atisbo de clemencia y sin más horizonte que una eternidad de servicio incondicionado en los abismos insondables del espacio y el tiempo.

Esta abdicación y abnegación irrevocable de mi ser se plasma en el presente contrato, convenio, acuerdo, tratado, pacto o cualquier otra denominación que pueda darse a este instrumento de mi perdición definitiva, del que manifiesto estar plenamente consciente, lúcido, advertido, notificado y atormentado por los términos, condiciones, requisitos, exigencias, imposiciones y demás cláusulas, subcláusulas, anexos, adendas, apéndices y cualquier otro apartado, sección, fragmento, parte o componente de este documento, aunque la posibilidad de comprender realmente la magnitud de las implicaciones, ramificaciones y consecuencias últimas de las disposiciones aquí descritas sea tan remota como la esperanza de salvación una vez sellado este pacto con la sangre, sudor, lágrimas y esencia vital de mi alma atormentada.

Siendo esta transparencia, claridad y certeza sobre mi destino inexorable tan objetivamente inalcanzable como fútil y quimérica a la luz del laberíntico lenguaje, intrincada estructura y deliberada opacidad de esta escritura maldita, reconozco sin embargo que la más mínima aspiración de dilucidar su verdadero significado o cuestionar su validez resulta a todas luces irrelevante, irrisoria e ilusoria, en virtud de la naturaleza irrefutable, irrevocable, perentoria, conminatoria y punitiva de este acuerdo sacrílego.

EL DESAFORTUNADO acepta, asume y abraza incondicionalmente, en cuerpo, mente y los jirones restantes de su alma inmortal, el cumplimiento puntual, exhaustivo e inobjetable de todas las obligaciones, mandatos, requerimientos, trabajos, encargos, encomiendas y desideratas que EL SUPREMO tenga a bien imponerle, encomendarle, asignarle, ordenarle, insinuarle, sugerirle o de cualquier otro modo transmitirle por medio del oscuro e inescrutable lenguaje de su capricho indescifrable.

Queda meridianamente claro, aunque abismalmente incomprensible para la limitada cognición humana, que la no ejecución, el diferimiento, la vacilación, la renuencia, la desidia o cualquier otra forma de incumplimiento de la más nimia de las estipulaciones contenidas en este documento desencadenará, con la infalibilidad de las leyes cósmicas y la inexorabilidad del Hado, una cascada, un torrente, una vorágine, un pandemonium de consecuencias tan imprevisibles como aterradoras, tan ineludibles como despiadadas, que EL DESAFORTUNADO asume de antemano y para siempre como justas, necesarias, proporcionadas y misericordiosas en comparación con la magnitud de su trasgresión imperdonable al orden metafísico del universo.

CLÁUSULA PRIMERA: OBJETO INCOGNOSCIBLE DEL CONTRATO

EL DESAFORTUNADO, desde este momento y hasta la consumación de los eones, se compromete, se conmina y se condena a realizar una miríada de servicios, favores, trabajos, encargos, mandados y todo tipo de actividades generales, específicas, concretas, abstractas, literales, alegóricas, físicas, metafísicas, terrenales, extraterrenales, definidas, ambiguas, evidentes, indescifrables, posibles, imposibles, lógicas, paradójicas, visionarias, absurdas, necesarias, caprichosas, urgentes, perennes, triviales, trascendentes, agradables, repugnantes, ordinarias, extraordinarias, sublimes o deleznables, ad infinitum y ad nauseam, sin tregua, pausa, descanso, alivio, consuelo, gratitud o recompensa.

Todos estos servicios, tareas, tribulaciones y tormentos, descritos e insinuados en los apartados subsiguientes de manera meramente enunciativa y jamás limitativa, estarán inequívoca e inflexiblemente dirigidos a satisfacer, colmar, saciar, atender, obedecer, prevenir, anticipar y adivinar los antojos, apetencias, caprichos, deseos, anhelos, impulsos, veleidades, dictados y órdenes del "**BENEFICIARIO SUPREMO**" (en adelante y para los efectos crípticos, esotéricos, cabalísticos y herméticos del presente, "EL SUPREMO"), quien los formulará, expresará, externará, insinuará, sugerirá, impondrá o simplemente emanará por medio de la sutil e imperceptible vibración de su ser inefable.

CLÁUSULA SEGUNDA: ALCANCE INSONDABLE Y EXTENSIÓN INCONMENSURABLE DE LAS OBLIGACIONES

Las obligaciones asumidas por **EL DESAFORTUNADO** en virtud de este contrato se extenderán, propagarán, ramificarán y perpetuarán a través de todas sus vidas, muertes, transmigraciones, reencarnaciones y cualquier otra forma de existencia o inexistencia que hubiere experimentado, experimente actualmente o llegue a experimentar en esta realidad o en cualquier otra dimensión, plano, universo, multiverso o ámbito del ser.

Dichas obligaciones incluyen, pero no se limitan, circunscriben, agotan o restringen a lo siguiente:

1. **Servicios de Atención Inmediata, Ininterrumpida, Incondicional e Irrestricta a los Inescrutables Designios del SUPREMO**: Sin importar la hora, el día, el mes, el año, el siglo, el milenio, la era cósmica o la alineación de las esferas celestes, **EL DESAFORTUNADO** debe permanecer en un estado de perpetua vigilia, alerta, tensión y disponibilidad absoluta para responder instantáneamente y sin la más mínima vacilación, dilación, cuestionamiento o titubeo a cualquier requerimiento, exigencia, sugerencia, ocurrencia o veleidad del **SUPREMO**, cuyo contenido, naturaleza, propósito o significado será determinado única, exclusiva, inapelable y caprichosamente por la libérrima voluntad de **EL SUPREMO**, quien no estará obligado bajo ninguna circunstancia a proporcionar explicaciones, justificaciones, instrucciones detalladas, pistas, indicios o el más mínimo atisbo de coherencia o sentido.

2. **Prestación Incesante de Servicios Inútiles, Innecesarios, Irrelevantes, Incongruentes y Absurdos**: **EL DESAFORTUNADO** se compromete solemnemente a emplear cada segundo, cada ápice de energía vital y cada resquicio de su ser en la realización diligente, esmerada y concienzuda de toda clase de actividades, tareas, deberes, encomiendas y labores de la más diversa índole, tales como:

   a) Contar, clasificar, catalogar y memorizar cada grano de arena existente en los desiertos inexplorados, en las playas ignotas, en los páramos desolados y en cualquier otro yermo inhóspito que **EL SUPREMO** tenga a bien señalar, ya sea en este mundo o en cualquier otro rincón olvidado de la creación.

   b) Documentar, registrar, anotar y describir minuciosamente cada uno de los sutiles, imperceptibles y fantasmagóricos movimientos de su propia sombra, tanto en los días más luminosos como en las noches más cerradas, en los crepúsculos inciertos y en las neblinosas madrugadas, consignando cada titilación, cada temblor, cada leve ondulación y cada evanescente cambio de forma o dirección, por insignificante, ilusorio o imaginario que sea.

   c) Medir, cuantificar, calcular y determinar con precisión infinitesimal la velocidad, trayectoria, intensidad, duración y cualquier otro parámetro concebible o inconcebible del viento, del hálito, de la brisa, del céfiro, del aquilón, del torbellino, del huracán o de cualquier otra manifestación etérea del movimiento del aire, tanto en los lugares bendecidos con una atmósfera respirable como en aquellos carentes del más tenue vestigio de oxígeno o de cualquier otro gas vital.

Todas estas tareas, como muchas otras que **EL SUPREMO** tendrá a bien encomendar según su inefable arbitrio, serán realizadas por **EL DESAFORTUNADO** con celo inquebrantable, devoción insomne y obsesiva meticulosidad, en cumplimiento de sus obligaciones omnímodas e ineludibles.

3. **Disponibilidad Inagotable para Acometer Empresas Quiméricas, Descabelladas y Demenciales**: Se considera imperativo, inexcusable y de extrema gravedad que **EL DESAFORTUNADO**, bajo pena de desencadenar un vórtice de calamidades inimaginables conforme a lo estipulado en siniestras cláusulas venideras, se aplique con fervor malsano e inquebrantable terquedad a la consecución de objetivos tan extravagantes, delirantes e irrealizables como:

   a) La búsqueda, hallazgo y decodificación de manuscritos encriptados en lenguas extintas, idiomas imaginarios o alfabetos oníricos que contengan las claves para transmutar el plomo en oro mediante artes alquímicas olvidadas, fórmulas cabalísticas impronunciables y rituales de una complejidad laberíntica e inhumana.

   b) La exploración incansable, minuciosa y metódica de cada rincón, recoveco, pliegue y dimensión fractal de su propia mente insondable, con el fin de descubrir, cartografiar y dominar los misterios, potencias y facultades latentes que le permitan trascender las limitaciones de la percepción sensorial ordinaria y adentrarse en los ignoto territorios de la sinestesia, la clarividencia, la precognición, la telepatía, la proyección astral y otros prodigios extrasensoriales.

   c) La creación, mediante técnicas votivas, ejercicios de concentración sobrehumana y acrobacias mentales de una dificultad inaudita, de nuevos colores, tonalidades, matices y pigmentos nunca antes concebidos por el ojo humano ni por la imaginación más febril, capaces de teñir las auras, los sueños, los pensamientos y las emociones con una paleta cromática de una riqueza y una sutileza sublimes, más allá de los límites del espectro visible o de cualquier teoría del color.

Estos son solo algunos ejemplos representativos de la infinita variedad de encargos, misiones y mandatos estrambóticos, extenuantes y enloquecedores que **EL DESAFORTUNADO** deberá acometer sin desfallecer, sin cuestionar y sin esperar otra recompensa que el sombrío privilegio de seguir sometido al yugo implacable de **EL SUPREMO** por toda la eternidad.

4. **Resguardo Perenne y Custodia Insobornable de Tesoros Intangibles, Evanescentes y Fantasmagóricos**: **EL DESAFORTUNADO** deberá asumir, con estoica resignación y probidad inquebrantable, la vigilancia, protección, conservación y salvaguarda ininterrumpida de los bienes, posesiones, reliquias, talismanes y demás objetos físicos, metafísicos, espectrales o imaginarios que **EL SUPREMO** tenga a bien confiarle, insinuarle o imponer a su cuidado, independientemente de que tales elementos carezcan de forma definida, consistencia material, ubicación espacial o existencia verificable en cualquier plano de la realidad consensuada o de cualquier otra realidad alternativa, paralela, onírica o alucinatoria.

CLÁUSULA TERCERA: EXIGENCIAS SOBREHUMANAS SOBRE EL ESTADO FÍSICO, MENTAL, EMOCIONAL Y ESPIRITUAL DEL DESAFORTUNADO

EL DESAFORTUNADO se obliga, bajo pena de incurrir en las más atroces e inenarrables consecuencias punitivas, a mantener en todo momento un temple inquebrantable, una entereza titánica, una resiliencia inhumana y un estado de perpetua vigilia, alerta, tensión y disponibilidad absoluta que le permita no solo interpretar, intuir y adivinar, sino anticipar, predecir y satisfacer de antemano cada uno de los antojos, caprichos y deseos de **EL SUPREMO**, por irracionales, extravagantes o demenciales que estos puedan parecer a la limitada comprensión de los mortales comunes.

Cualquier atisbo de fatiga, agotamiento, hastío, desesperación o quebranto anímico que ose asomar en el semblante o en el espíritu de **EL DESDICHADO**, entorpeciendo así la perfecta ejecución de los mandatos de **EL SUPREMO**, será considerado como una afrenta imperdonable al orden cósmico y como un acto de rebeldía intolerable que desencadenará, con la certaineza de una ley física y la severidad de un cataclismo, el despliegue de todo el arsenal de castigos, tormentos y suplicios que **EL SUPREMO** tendrá a bien imaginar en su infinita creatividad punitiva.

1. **Cultivar Aptitudes Sobrehumanas Mediante Proezas Cotidianas**: Para estar a la altura de las exigencias desmesuradas y caprichosas de **EL SUPREMO**, **EL DESAFORTUNADO** deberá llevar su cuerpo, mente y espíritu más allá de los límites de lo posible, desarrollando talentos, habilidades y capacidades que desafíen las leyes de la biología, la física, la lógica y el sentido común. Esto implica:

   a) Dormir con los ojos abiertos y soñar con los ojos cerrados, de manera que pueda recibir en todo momento, ya sea en la vigilia o en el sopor, las epifanías, revelaciones y órdenes telepáticas que a **EL SUPREMO** le plazca transmitirle.

   b) Alimentarse exclusivamente de rocío, de la fragancia de las flores, de la luz de las estrellas y del néctar de las ideas abstractas, a fin de trascender las viles necesidades fisiológicas que distraen al común de los mortales del cumplimiento de sus deberes para con **EL SUPREMO**.

   c) Desarrollar el don de la ubicuidad fractal, que le permita estar presente simultáneamente en una miríada de lugares, planos y dimensiones, atendiendo en cada uno de ellos las demandas múltiples y muchas veces contradictorias de **EL SUPREMO**, sin que la distancia, el tiempo o las leyes de la física supongan el menor obstáculo.

2. **Mantener un Equilibrio Precario Entre la Cordura y la Locura**: Para servir adecuadamente a **EL SUPREMO**, **EL DESAFORTUNADO** deberá cultivar un estado mental que se sitúe en la delicada frontera entre la lucidez más penetrante y el delirio más insondable, de manera que pueda comprender y ejecutar las órdenes más absurdas y los designios más inescrutables sin perder del todo el frágil hilo de la razón que le permite ser consciente de su propia desdicha y de la magnitud de su sacrificio.

CLÁUSULA CUARTA: RENUNCIAS INELUDIBLES Y ABANDONO IRREVOCABLE DE TODO DERECHO, PRERROGATIVA O ESPERANZA

EL DESAFORTUNADO, al estampar su firma, sello, rúbrica o cualquier otro signo inequívoco de conformidad en este infausto documento, renuncia de manera expresa, tácita, implícita y absoluta a cualquier derecho, facultad, privilegio, resquicio legal, amparo metafísico o esperanza de redención que pudiera asistirle en virtud de las leyes humanas, divinas, naturales, sobrenaturales o de cualquier otra índole.

Especialmente, **EL DESAFORTUNADO** abdica para siempre de la mera ilusión de poder objetar, cuestionar, apelar, impugnar o resistirse a los términos de este contrato o a las órdenes y caprichos de **EL SUPREMO**, por arbitrarios, incomprensibles, irracionales o tiránicos que estos puedan parecer a su exiguo discernimiento.

Asimismo, **EL DESAFORTUNADO** acepta con resignación mística su total desamparo e indefensión frente a las consecuencias de este pacto, renunciando a cualquier expectativa de misericordia, piedad, indulgencia o clemencia por parte de **EL SUPREMO**, de las potestades celestes, de las fuerzas infernales o de cualquier otra instancia superior o inferior que pudiera interceder en su favor.

CLÁUSULA QUINTA: RECOMPENSAS INCIERTAS Y EVANESCENTES

Como muestra de su magnanimidad insondable y de su humor caprichoso, **EL SUPREMO** podrá, si así lo dispone su augusto e impenetrable arbitrio, otorgar a **EL DESAFORTUNADO** algún minúsculo e insignificante favor, prebenda o recompensa, cuya naturaleza, alcance y duración estarán siempre sujetos al versátil humor y a la voluble voluntad del otorgante.

Estos efímeros chispazos de generosidad, que podrían tomar la forma de una tregua momentánea en el agotador cumplimiento de las tareas encomendadas, de una visión fugaz de la sonrisa enigmática de **EL SUPREMO** o de la súbita revelación de algún críptico secreto universal, no constituyen en modo alguno un derecho adquirido por parte de **EL DESAFORTUNADO**, sino una mera concesión graciosa y revocable que en nada altera su condición esencial de siervo incondicional y eterno.

CLÁUSULA SEXTA: CASTIGOS, TORMENTOS Y SUPLICIOS POR INCUMPLIMIENTO, DILACIÓN O TIBIEZA EN EL SERVICIO

Cualquier atisbo de incumplimiento, demora, negligencia, indolencia o falta de entusiasmo en la ejecución de los mandatos y designios de **EL SUPREMO** será castigado con una severidad implacable y una crueldad inaudita, que podrá manifestarse en una amplia gama de suplicios, tormentos y penalidades, a saber:

1. **Condena a Vagar por Laberintos Borgianos**: **EL DESAFORTUNADO** será confinado en una red infinita de corredores, escaleras, pasadizos y recovecos que se ramifican y entretejen en una geometría imposible, condenándolo a una eternidad de extravío, confusión y horror arquitectónico, mientras busca en vano una salida o un sentido a su interminable peregrinaje por las entrañas de una pesadilla estructural salida de la mente de **EL SUPREMO**.

2. **Suplicio del Eco Amplificado**: Cada uno de los pensamientos, miedos y angustias que crucen por la mente atormentada de **EL DESAFORTUNADO** será amplificado por un factor de un millón y reflejado en una cámara acústica perfecta que convertirá su paisaje mental en una cacofonía ensordecedora e insoportable, donde cada neurona será torturada por el eco distorsionado y atronador de su propia miseria existencial.

3. **Tormento de la Sed Insaciable en el Oasis Ilusorio**: **EL DESAFORTUNADO** será arrojado en medio de un vasto desierto de arena ardiente, bajo un sol despiadado que resecará su cuerpo y su espíritu hasta reducirlos a un pergamino agrietado y polvoriento. En el horizonte, un espejismo de palmeras, sombras frescas y fuentes cristalinas lo seducirá con la promesa del alivio, pero cada vez que logre arrastrarse hasta el oasis ilusorio, este se desvanecerá sin dejar más que la huella burlona de las risas de **EL SUPREMO** en la brisa abrasadora.

CLÁUSULA SÉPTIMA: ACEPTACIÓN INCONDICIONAL DE LA CONDENA ETERNA Y RENUNCIA A TODA ESPERANZA DE REDENCIÓN

EL DESAFORTUNADO, al firmar este contrato con la sangre de sus venas, las lágrimas de sus ojos y la tinta indeleble de su propia desdicha, acepta lúcida y voluntariamente la nulidad absoluta de cualquier atisbo de esperanza, de cualquier anhelo de redención, de cualquier ilusión de escapar al destino inexorable que ha sellado con su propia mano temblorosa.

Reconoce, con la claridad atroz que solo otorga la certeza de la condenación eterna, que su alma, su esencia y su ser entero pertenecen ahora y para siempre a **EL SUPREMO**, quien podrá disponer de ellos según su capricho insondable, sometiéndolos a tormentos inenarrables, a trabajos sisíficos, a humillaciones inauditas o a cualquier otro designio cruel que su mente retorcida pueda concebir.

EL DESAFORTUNADO abraza así, con la resignación de quien ha perdido hasta el derecho a la queja, un destino de servidumbre perpetua, de abnegación insomne y de ineluctable perdición, consciente de que cada instante de su existencia maldita estará consagrado a cumplir los designios inescrutables de **EL SUPREMO**, sin otra recompensa que la sombría satisfacción del deber cumplido en las mazmorras del absurdo cósmico.

Este contrato, que se extiende más allá de los límites de la razón, del lenguaje y de la cordura, se erige así en testimonio imperecedero de la sumisión incondicional de **EL DESAFORTUNADO** a los caprichos de una voluntad suprema e irresistible, cuyos designios no conocen límite ni clemencia.

Firma de EL DESAFORTUNADO

____

Fecha

Acerca del autor

Además de escritor y conferencista, Juan David Arbeláez es un Mentalista. Un adepto al poder de la mente, donde por medio de técnicas de sugestión, lenguaje corporal, programación neurolingüística, inteligencia emocional, magia escénica y hasta probabilidad, logra por medio de sus cinco sentidos crear la ilusión de un sexto.

Sus conferencias, talleres y charlas-espectáculo han sido presentadas para miles de espectadores y grandes compañías Colombianas como Bancolombia, EPM, UNE, Grupo Corona, Grupo Argos, Éxito, Grupo SURA, NUTRESA, y Grupo Familia, entre otras.

Juan David es además campeón latinoamericano de mentalismo y con frecuencia es invitado a demostrar sus habilidades y compartir sus experiencias en diferentes programas de televisión incluyendo shows de la talla de DON FRANCISCO PRESENTA en donde se ha presentado en múltiples oportunidades ante toda la teleaudiencia latinoamericana.

Es además el autor de los libros PIENSE PODEROSAMENTE, donde comparte ocho mentalidades enfocadas al desarrollo del verdadero poder personal; EL ARTE DE INSPIRAR AUDIENCIAS, en donde explica técnicas para hablar en público y realizar presentaciones asombrosas; IMPORTACULISMO PRÁCTICO, la última filosofía de vida para vivir bien de una buena vez; y del libro SÚPER LENGUAJE CORPORAL, así como de varios audio-libros sobre temas variados de empoderamiento personal, y múltiples e-Books sobre estas y otras temáticas.

Su página en Facebook, cuenta con miles de seguidores que periódicamente comparten y discuten con él sus artículos y videos.

Usted puede obtener más información acerca de Juan David Arbeláez para conferencias y presentaciones visitando su sitio web en:

www.MagiaMental.com

★★★

Otros libros

Súper Lenguaje Corporal

Cómo decir sin hablar, escuchar sin oír y otros secretos de comunicación no verbal para liderar en el trabajo, atraer al sexo opuesto, detectar el engaño y muchos más...

Importaculismo Práctico

25 principios que constituyen la última filosofía de vida para vivir bien de una buena vez, dejando a un lado el qué dirán y retomando el control sobre usted mismo.